Condominio

Gianni Calloni

Condominio

Guida pratica completa
con tutta la nuova normativa

De Vecchi

A Edoardo e Lorenzo

Progetto grafico e impaginazione:
AP & Full/Roberto Magrini

Redattore:
Andrea Ballocchi

Consulenza tecnico-scientifica:
Maria Cristina Pompignoli

Per informazioni e segnalazioni:
info.devecchi@giunti.it

www.giunti.it

Via Bolognese 165 - 50139 Firenze - Italia
Piazza Virgilio 4 - 20123 Milano - Italia

Prima edizione: giugno 2013

Ristampa	Anno
6 5 4 3 2 1	2017 2016 2015 2014

Sommario

PARTE SECONDA – **L'amministratore**

PARTE TERZA – **L'assemblea**

PARTE QUARTA – **Regolamento condominiale e millesimi**

PARTE QUINTA – **Le controversie condominiali**

Appendice

Premessa

Dopo una gestazione durata tre anni, è stata pubblicata la nuova legge 220/2012 chiamata "Modifiche alla disciplina del condominio negli edifici", in vigore dal **18 giugno 2013**.

È composta da 32 articoli: i primi 22 articoli hanno in parte sostituito e modificato gli articoli 1117 e seguenti fino al 1139 del codice civile (condominio degli edifici); mentre gli altri 10 articoli riguardano le disposizioni per l'attuazione del codice civile e vanno dall'articolo 62 all'articolo 72 (disposizioni attuative del codice civile). Pochi di questi articoli sono rimasti identici.

Sono invece numerose le novità, riassumibili in 12 punti:

1. **Supercondominii.** La nuova formulazione consente di ampliare la nozione di condominio includendo i villaggi residenziali e i supercondominii costituiti da più edifici aventi tra loro parti in comune.

2. **Maggioranze assembleari.** Si riducono le maggioranze assembleari necessarie per modificare le destinazioni d'uso delle parti comuni: ora bastano i 4/5 dei partecipanti e i 4/5 del valore, mentre prima necessitava l'unanimità.

3. **Impianti.** Il condomino può rinunciare all'utilizzo di parti comuni come gli impianti di riscaldamento e condizionamento, senza però creare squilibri di funzionamento e anche quella di installare impianti di videosorveglianza e di energia rinnovabile.

4. **Nomina dell'amministratore.** Cambiano le regole necessarie per essere nominati amministratori, e anche quelle per essere revocati (articoli 9 e 10); l'amministratore non potrà ricevere deleghe di voto.

5. **Ruolo dell'amministratore.** Aumentano i poteri e le responsabilità incombenti sull'amministratore contenuti nei nuovi articoli del

codice civile 1129 e 1130, tra i quali l'apertura del conto corrente bancario e, su richiesta assembleare, quelle di approntare un sito web ad uso esclusivo del condominio e la copertura assicurativa che garantisca la condotta dell'amministratore.

6. **Animali domestici.** Le norme del regolamento di condominio non possono vietare di possedere o detenere animali domestici.

7. **Condomini morosi.** Sono introdotte le modalità di riscossione delle spese condominiali per i morosi (articolo 18) e l'obbligo per i creditori di rivolgere la loro richiesta prima ai morosi e poi agli altri condomini.

8. **Convocazione e funzionamento assemblea.** Le modalità di convocazione possono essere fatte anche a mezzo fax o posta elettronica; vi sono anche novità sul funzionamento dell'assemblea (articoli 20 e 21) con le nuove maggioranze previste.

9. **Tabelle millesimali.** Sono previste nuove procedure e maggioranze utili per ottenere la revisione delle tabelle millesimali (articoli 22 e 23).

10. **Sanzioni.** Vengono incrementate le sanzioni da 200 e da 800 euro per chi viola il regolamento condominiale.

11. **Impianti a energia rinnovabile, tv via satellite e risparmio energetico.** Sono sufficienti la maggioranza degli intervenuti e 1/3 del valore dell'edificio per eseguire interventi volti al contenimento del consumo energetico e all'utilizzazione delle fonti di energia rinnovabile (solare, eolico ecc.); si sono ridotte le maggioranze per installare impianti di radiodiffusione da satellite.

12. **Quorum in assemblea.** Vengono introdotti nuovi quorum necessari in assemblea affinché le delibere siano valide: in prima convocazione, l'assemblea sarà valida coi 2/3 dei millesimi e la maggioranza dei partecipanti al condominio, mentre sino a oggi i 2/3 erano chiesti anche in relazione al numero dei condomini.

Rimane invariato il quorum deliberativo: la maggioranza degli intervenuti e almeno la metà del valore dell'edificio. Per la seconda convocazione viene istituito il quorum costitutivo di 1/3 (prima non c'era), tanto per il numero dei condomini che per i millesimi. Abbassate leggermente le maggioranze: per la validità della delibera: 1/3 dei millesimi e la "sola" maggioranza degli intervenuti, mentre sin qui il quorum di 1/3 era richiesto sia per i millesimi che per i partecipanti.

Inoltre la nuova legge rende più responsabile e trasparente la gestione condominiale.
Nell'interesse dei condomini, sono rafforzati il ruolo e le funzioni dell'amministratore; nello stesso tempo i condomini potranno controllare agevolmente l'operato dell'amministratore, potendo contare su strumenti quali: il conto corrente obbligatorio, il sito web del condominio (facoltativo), e anche a mezzo del consiglio, dotato di funzioni consultive e di controllo (consiglieri).
Fatta questa premessa, passiamo ora a definire cos'è il condominio.

Il condominio

L'espressione esatta per definire il condominio è "condominio negli edifici", come riporta l'articolo 1117 del codice civile.
Con questa formula s'intende specificare che negli edifici condominiali vi sono parti comuni – il condominio vero e proprio – e parti di proprietà esclusiva, ovvero le singole unità immobiliari.
La parola condominio deriva dal latino *cum domus* (casa comune) o meglio *cum dominus* (comproprietario). Ciascun condomino, quindi, è allo stesso tempo proprietario in esclusiva della singola unità immobiliare e comproprietario di alcune parti dell'edificio condominiale di uso comune: queste ultime vengono definite parti comuni.

Nota dell'Editore: il testo del presente volume è aggiornato al 15 giugno 2014.

PARTE PRIMA

Le parti comuni dell'edificio

Le parti comuni e i diritti individuali dei condomini trovano evidenza nella nuova legge 220/2012.
In questa prima sezione vedremo come si sia ampliato l'elenco delle parti comuni, allargandone la disciplina anche ai supercondominii.
Le parti comuni sono suscettibili di modificazioni, di violazioni e di innovazioni: proprio a quest'ultimo riguardo si evidenziano le novità più significative, relative all'installazione di impianti individuali per il riscaldamento, per il risparmio energetico o per la ricezione di flussi informativi, anche da satellite o via cavo.
Si riconosce per la prima volta al singolo condomino il diritto a installare un impianto individuale. Non solo: viene introdotta la possibilità di installare impianti per la produzione di energia da fonti rinnovabili destinati alle singole unità abitative senza autorizzazione dell'assemblea, purché installati sul lastrico solare o su ogni altra idonea superficie comune e sempre sulle parti di proprietà dell'interessato.

Nuova definizione di parti comuni

COSA DICE LA LEGGE

ART. 1117 • CODICE CIVILE • PARTI COMUNI DELL'EDIFICIO

Sono oggetto di proprietà comune dei proprietari delle singole unità immobiliari dell'edificio, anche se aventi diritto a godimento periodico e se non risulta il contrario dal titolo:
1) tutte le parti dell'edificio necessarie all'uso comune, come il suolo su cui sorge l'edificio, le fondazioni, i muri maestri, i pilastri e le travi portanti, i tetti e i lastrici solari, le scale, i portoni di ingresso, i vestiboli, gli anditi, i portici, i cortili e le facciate;
2) le aree destinate a parcheggio nonché i locali per i servizi in comune, come la portineria, incluso l'alloggio del portiere, la lavanderia, gli stenditoi e i sottotetti destinati, per le caratteristiche strutturali e funzionali, all'uso comune;
3) le opere, le installazioni, i manufatti di qualunque genere destinati all'uso comune, come gli ascensori, i pozzi, le cisterne, gli impianti idrici e fognari, i sistemi centralizzati di distribuzione e di trasmissione per il gas, per l'energia elettrica, per il riscaldamento ed il condizionamento dell'aria, per la ricezione radiotelevisiva e per l'accesso a qualunque altro genere di flusso informativo, anche da satellite o via cavo, e i relativi collegamenti fino al punto di diramazione ai locali di proprietà individuale dei singoli condomini, ovvero, in caso di impianti unitari, fino al punto di utenza, salvo quanto disposto dalle normative di settore in materia di reti pubbliche.

[Articolo così modificato dall'art. 1 della legge 220/2012]

Le parti dell'edificio che sono di proprietà comune sono quelle che offrono i servizi necessari o comunque funzionali al migliore godimento delle parti di proprietà esclusiva. Le parti comuni di solito sono in comproprietà dei singoli condomini, a meno che non vi sia un titolo contrario, ovvero, per esempio, che dal regolamento condominiale o dall'atto di acquisto dell'unità immobiliare da parte del singolo condomino non risulti che le parti comuni appartengono esclusivamente a uno o più condomini.

NOVITÀ

La nuova legge sul condominio aggiunge al lungo elenco delle parti comuni anche i pilastri, le travi portanti e i sottotetti, oltre agli impianti di ricezione radiotelevisiva e di flussi telematici.

Riguardo ai sottotetti, questa parte dell'edificio è stata finalmente definita per legge parte comune, risolvendo così una volta per tutte le numerose controversie su tale argomento; salvo però quando il costruttore ha ceduto i sottotetti come proprietà privata.

Dopo questa piccola innovazione sarebbe opportuno che l'amministratore, nella polizza globale fabbricati, indichi tutte e specificamente le parti comuni e i rischi derivanti dai fenomeni sismici e climatici (terremoto, uragano ecc). Si consiglia comunque all'amministratore che, oltre alla polizza riguardante i suoi doveri professionali, inserisca anche la responsabilità contro terzi.
Inoltre è consigliabile che l'amministratore richieda sempre il preventivo a due o più compagnie assicurative.

LA LEGGE IN PRATICA

L'uso improprio del pianerottolo

Vi è un'errata usanza da parte di taluni condomini è cioè quella di usare il pianerottolo (sbarco ascensore) situato davanti al proprio appartamento come un proprio ripostiglio, ignorando che si tratta di una parte comune; tale superficie infatti deve essere lasciata libera da persone e cose.
L'amministratore in questo caso può applicare, anzi deve applicare al condomino inadempiente, che non lascia libero lo sbarco, una sanzione variabile da 200 fino 800 euro in quanto vi è un'evidente violazione del regolamento di condominio.
Non è sufficiente che il condomino inadempiente dichiari di avere il consenso da parte del dirimpettaio in quanto il suolo dello sbarco o del pianerottolo è di uso comune a tutti i condomini.

Supercondominii

COSA DICE LA LEGGE

ART. 1117-bis • CODICE CIVILE • AMBITO DI APPLICABILITÀ

Le disposizioni del presente capo si applicano, in quanto compatibili, in tutti i casi in cui più unità immobiliari o più edifici ovvero più condominii di unità immobiliari o di edifici abbiano parti comuni ai sensi dell'articolo 1117.

[Articolo inserito dall'art. 2 della legge 220/2012]

NOVITÀ

Quando diversi edifici sono stati costruiti in una stessa urbanizzazione, possono avere parti condominiali in comune e possono formare i cosiddetti supercondominii.

Cosa sono i supercondominii

Da qualche anno si è diffusa la pratica di costruire zone abitative con ville a schiera, con numerosi palazzi commerciali (vedi Milanofiori).

Tali nuove vaste urbanizzazioni hanno apportato moltissimi vantaggi nella loro gestione e precisamente:

- diventano parti condominiali tutte le strade private di accesso alle costruzioni che rimangono vietate agli estranei;
- i giardini sono vasti e contengono piante e aiuole ben ordinate;
- esiste una sola portineria, offrendo così vantaggi in termini di sicurezza e soprattutto di economicità; le spese infatti vengono ripartite tra i millesimi che in queste urbanizzazioni sono di piccola entità: così le relative spese, pur ragguardevoli nell'insieme, danno un risultato molto economico (per esempio, un appartamento in simili complessi, pur di 100 metri di superficie ha un valore alle volte non superiore di 2 o 3 millesimi e poiché il riscaldamento e il condizionamento di

tali urbanizzazioni sono autonomi i costi delle spese annue risultano di basso importo perfino della metà rispetto ai normali condomìni).

È nato così il supercondominio, che si ha quando più edifici autonomi hanno parti comuni quali viali di accesso, servizi di riscaldamento, impianti sportivi, zone verdi.
Al supercondominio, con la nuova legge, si applica la stessa disciplina del condominio.

Peculiarità

Nel supercondominio, insieme agli amministratori dei singoli edifici, viene nominato l'amministratore delle parti comuni tra gli stessi, al quale sono attribuiti gli stessi poteri e doveri relativi ai singoli edifici.
Le disposizioni che regolano il condominio in tema di convocazione, costituzione, formazione e calcolo delle maggioranze dell'assemblea si applicano anche al supercondominio con riguardo a tutte le unità abitative comprese nel complesso, nonché a tutti i proprietari.
Pertanto, sono legittimati a partecipare all'assemblea generale del supercondominio tutti i proprietari dei singoli alloggi in comunione.
In un supercondominio composto da edifici contigui, ma autonomi e muniti di scale e ingressi indipendenti, le spese per la manutenzione dei muri devono essere ripartite soltanto fra i condomini della palazzina che ne trae utilità e non fra gli altri condomini dei fabbricati non interessati dai lavori.

Modificazioni delle destinazioni d'uso

COSA DICE LA LEGGE

ART. 1117-ter • CODICE CIVILE • MODIFICAZIONI DELLE DESTINAZIONI D'USO

Per soddisfare esigenze di interesse condominiale, l'assemblea, con un numero di voti che rappresenti i quattro quinti dei partecipanti al condominio e i quattro quinti del valore dell'edificio, può modificare la destinazione d'uso delle parti comuni.
La convocazione dell'assemblea deve essere affissa per non meno di trenta giorni consecutivi nei locali di maggior uso comune o negli spazi a tal fine destinati e deve effettuarsi mediante lettera raccomandata o equipollenti mezzi telematici, in modo da pervenire almeno venti giorni prima della data di convocazione.
La convocazione dell'assemblea, a pena di nullità, deve indicare le parti comuni oggetto della modificazione e la nuova destinazione d'uso.
La deliberazione deve contenere la dichiarazione espressa che sono stati effettuati gli adempimenti di cui ai precedenti commi.
Sono vietate le modificazioni delle destinazioni d'uso che possono recare pregiudizio alla stabilità o alla sicurezza del fabbricato o che ne alterano il decoro architettonico.

[Articolo inserito dall'art. 2 della legge 220/2012]

NOVITÀ

Per modificare la destinazione d'uso delle parti comuni è necessario che in assemblea vi sia un numero di voti favorevoli che rappresentano i 4/5 dei partecipanti e i 4/5 del valore dell'edificio. Inoltre viene stabilito un nuovo e preciso iter di convocazione dell'assemblea.

Si afferma, nello stesso articolo, il divieto assoluto di modificare l'uso delle parti comuni anche quando possono recare pregiudizio alla

ESEMPIO DI... CONVOCAZIONE DELL'ASSEMBLEA PER MODIFICHE SULLE DESTINAZIONI D'USO DI PARTI COMUNI

Convocazione dell'assemblea del Condominio Sempione n. 30 ai sensi dell'art. 1117-ter

I signori condomini sono invitati a partecipare all'assemblea fissata in prima convocazione il giorno .... – ore 9, presso lo studio sito in ...., via .... e in seconda convocazione, sempre allo stesso indirizzo, il giorno .... , al fine di poter deliberare ai sensi dell'art. 1117-ter sul seguente ordine del giorno:

soppressione delle due aiuole site in mezzo al cortile del condominio sito in Corso Sempione 30 – Milano. Tutto questo per meglio agevolare l'esistente parcheggio di moto e biciclette e permettere una migliore viabilità per le autovetture parcheggiate nei box. Si chiede inoltre che venga destinata parte del cortile alla piantumazione di 15 arbusti di laurus cerasus nell'angolo del cortile a ovest, così da poterne farne una siepe idonea a nascondere i bidoni della spazzatura normalmente posti in quel luogo. Costo totale di tali lavori, come da preventivi € 1.600,00 per sistemazione del cortile, € 550,00 per la messa a dimora degli arbusti e € 150,00 costo delle piantine.

Si richiede una presenza numerosa, anche con delega, di cui si allega modulo, affinché l'approvazione di tale modifica sia valida secondo il nuovo articolo sopra indicato; vi è infatti la necessità di una maggioranza di 4/5 dei partecipanti e 4/5 del valore millesimale (800 millesimi). Questa convocazione viene affissa nei locali della portineria 30 gg prima e inviata a tutti i condomini oltre che con e-mail anche con lettera raccomandata nei tempi e nei modi previsti dalla nuova legge.

L'Amministratore condominiale

sicurezza del fabbricato o quando modificano il decoro architettonico dell'edificio. Si chiarisce così, una volta per tutte, che il diritto di proprietà sulle parti comuni presenta caratteristiche differenti rispetto al diritto che il singolo condomino ha sull'appartamento di sua esclusiva proprietà. Innanzitutto, esso è proporzionale al valore del piano o porzione di piano di proprietà esclusiva, a meno che il titolo di acquisto di quest'ultima non disponga diversamente.

L'uso delle parti comuni è limitato: il condomino, infatti, può servirsi delle parti condominiali purché non ne alteri la destinazione e non impedisca agli altri condomini di farne uso.

Violazioni sulle destinazioni d'uso

COSA DICE LA LEGGE

ART. 1117-quater • CODICE CIVILE • TUTELA DELLE DESTINAZIONI D'USO

In caso di attività che incidono negativamente e in modo sostanziale sulle destinazioni d'uso delle parti comuni, l'amministratore o i condomini, anche singolarmente, possono diffidare l'esecutore e possono chiedere la convocazione dell'assemblea per far cessare la violazione, anche mediante azioni giudiziarie. L'assemblea delibera in merito alla cessazione di tali attività con la maggioranza prevista dal secondo comma dell'articolo 1136.

[Articolo inserito dall'art. 2 della legge 220/2012]

La maggioranza prevista per l'assemblea in questa occasione prevede la maggioranza dei votanti intervenuti nell'assemblea, che devono disporre con il loro voto positivo di almeno della metà dei millesimi del valore (comma 2 dell'art. 1136).

LA LEGGE IN PRATICA

Esempi concreti di violazioni dei destinazioni d'uso

Per chiarire le violazioni di destinazione d'uso delle parti comuni segnaliamo alcuni esempi:

- *occupazione del cortile per usi diversi come deposito di casse o rifiuti vari;*
- *occupazione delle scale per stendere la biancheria;*
- *occupazione del pianerottolo per depositare bottiglie o passeggini;*
- *occupazione degli androni con vasi di fiori o piante o addirittura con gabbie di uccellini o cucce di cane.*

Diritti dei condomini sulle parti comuni

COSA DICE LA LEGGE

ART. 1118 • CODICE CIVILE • DIRITTI DEI PARTECIPANTI SULLE PARTI COMUNI

Il diritto di ciascun condomino sulle parti comuni, salvo che il titolo non disponga altrimenti, è proporzionale al valore dell'unità immobiliare che gli appartiene.
Il condomino non può rinunziare al suo diritto sulle parti comuni.
Il condomino non può sottrarsi all'obbligo di contribuire alle spese per la conservazione delle parti comuni, neanche modificando la destinazione d'uso della propria unità immobiliare, salvo quanto disposto da leggi speciali.
Il condomino può rinunciare all'utilizzo dell'impianto centralizzato di riscaldamento o di condizionamento, se dal suo distacco non derivano notevoli squilibri di funzionamento o aggravi di spesa per gli altri condomini. In tal caso il rinunziante resta tenuto a concorrere al pagamento delle sole spese per la manutenzione straordinaria dell'impianto e per la sua conservazione e messa a norma.

[Articolo così modificato dall'art. 3 della legge 220/2012]

In sintesi, si specifica che il diritto di ogni condomino è proporzionale al valore della unità immobiliare che gli appartiene e si stabilisce che il condomino può rinunciare all'utilizzo dell'impianto di riscaldamento pagando esclusivamente le pure spese di manutenzione.

DOMANDE & RISPOSTE

Se in un condominio composto da 10 appartamenti, sei condomini chiedono lo stacco come potranno i restanti quattro condomini sostenere l'intero pagamento del combustibile necessario per il riscaldamento dell'intero palazzo?

In questo caso si ritiene che non sarà possibile ottenere l'autorizzazione per il distacco dell'impianto.

ESEMPIO DI... RICHIESTA DI DISTACCO DALL'IMPIANTO CENTRALIZZATO

All'amministratore condominiale,

con la presente sono a formulare ai sensi dell'art. 1118 comma 4 (in tale articolo infatti si afferma: «Il condomino può rinunciare all'utilizzo dell'impianto centralizzato di riscaldamento o di condizionamento») la mia decisione di rinunciare all'utilizzo dell'impianto di riscaldamento/condizionamento centralizzato esistente, staccando il collegamento ai termosifoni/fancoil nel mio appartamento al 4° piano (mill. 27).

Sono disponibile a concorrere al pagamento delle spese per la manutenzione e conservazione dell'impianto senza però contribuire da oggi in avanti alla spesa del combustibile (metano) e della corrente elettrica inerente.

In attesa di un suo benestare, porgo distinti saluti.

Giovanni Rossi

Ciò permette un grande risparmio sulle spese di consumo del riscaldamento; il distacco però è possibile solo se non derivano notevoli squilibri di funzionamento o aggravi di spesa per gli altri condomini. In tale caso però l'amministratore prima di autorizzare il distacco dell'impianto deve, anche con l'eventuale convocazione di un'assemblea condominiale, ottenere una perizia da un tecnico con la quale si evidenzi la possibilità o meno di poter soddisfare la richiesta del condomino e cioè se il distacco non pregiudichi il funzionamento dell'impianto.

Gestione privata non autorizzata delle parti comuni

COSA DICE LA LEGGE

ART. 1134 • CODICE CIVILE • GESTIONE DI INIZIATIVA INDIVIDUALE

Il condomino che ha assunto la gestione delle parti comuni senza autorizzazione dell'amministratore o dell'assemblea non ha diritto al rimborso, salvo che si tratti di spesa urgente.

[Articolo così modificato dall'art. 13 della legge 220/2012]

Per esemplificare meglio il contenuto di questa legge si può prendere, come esempio, il caso di un condomino che, dopo aver danneggiato il cortile, pretende poi di essere rimborsato perché, in seguito al deterioramento, provvede a risistemare il pavimento da lui stesso deturpato. In questo caso, in base alla legge non avrà diritto al rimborso.

Indivisibilità delle parti comuni

COSA DICE LA LEGGE

ART. 1119 • CODICE CIVILE • INDIVISIBILITÀ

Le parti comuni dell'edificio non sono soggette a divisione, a meno che la divisione possa farsi senza rendere più incomodo l'uso della cosa a ciascun condomino e con il consenso di tutti i partecipanti al condominio.

[Articolo così modificato dall'art. 4 della legge 220/2012]

NOVITÀ

Per ottenere la divisione delle parti comuni è necessario il consenso di tutti i partecipanti al condominio.

Vi sono dei casi in cui la parte comune può essere divisa o usata senza concederne l'uso agli altri.
Un esempio: se un condominio è provvisto di un giardino pensile condominiale cui si può accedere unicamente entrando nell'appartamento di un condomino, pur essendo tale giardino una parte comune, non potrà essere utilizzato da altri condomini se non da chi ne abbia l'accesso. Lo stesso avviene in presenza di un lastrico solare (solarium): solo chi abita l'ultimo piano del condominio e ha accesso al lastrico può usufruirne, passando dal proprio appartamento.

Innovazioni e interventi nelle parti comuni

COSA DICE LA LEGGE

ART. 1120 • CODICE CIVILE • INNOVAZIONI

I condomini, con la maggioranza indicata dal quinto comma dell'art.1136, possono disporre tutte le innovazioni dirette al miglioramento o all'uso più comodo o al maggior rendimento delle cose comuni.
I condomini, con la maggioranza indicata dal secondo comma dell'articolo 1136, possono disporre le innovazioni che, nel rispetto della normativa di settore, hanno ad oggetto:
1) le opere e gli interventi volti a migliorare la sicurezza e la salubrità degli edifici e degli impianti;
2) le opere e gli interventi previsti per eliminare le barriere architettoniche, per il contenimento del consumo energetico degli edifici e per realizzare parcheggi destinati a servizio delle unità immobiliari o dell'edificio, nonché per la produzione di energia mediante l'utilizzo di impianti di cogenerazione, fonti eoliche, solari o comunque rinnovabili da parte del condominio o di terzi che conseguano a titolo oneroso un diritto reale o personale di godimento del lastrico solare o di altra idonea superficie comune;
3) l'installazione di impianti centralizzati per la ricezione radiotelevisiva e per l'accesso a qualunque altro genere di flusso informativo, anche da satellite o via cavo, e i relativi collegamenti fino alla diramazione per le singole utenze, ad esclusione degli impianti che non comportano modifiche in grado di alterare la destinazione della cosa comune e di impedire agli altri condomini di farne uso secondo il loro diritto.
L'amministratore è tenuto a convocare l'assemblea entro trenta giorni dalla richiesta anche di un solo condomino interessato all'adozione delle deliberazioni di cui al precedente comma.
La richiesta deve contenere l'indicazione del contenuto specifico e delle modalità di esecuzione degli interventi proposti.

In mancanza, l'amministratore deve invitare senza indugio il condomino proponente a fornire le necessarie integrazioni.

[Articolo così modificato dall'art. 5 della legge 220/2012]

La nuova legge stabilisce quindi che, per interventi e opere di particolare interesse sociale e comune, l'assemblea deve essere convocata anche su richiesta di un solo condomino e cambia il quorum per l'approvazione: non è più necessaria la maggioranza dei votanti che rappresentano i 2/3 dei millesimi ma la maggioranza degli intervenuti purché rappresentino almeno la metà del valore dell'edificio.
Va specificato che dopo la valida delibera sull'ordine del giorno di cui sopra, tutti i condomini dovranno concorrere al pagamento del costo necessario per l'esecuzione delle opere.

ESEMPIO DI... RICHIESTA PER L'INSTALLAZIONE DI UNA PARABOLA SATELLITARE

All'amministratore
Giovanni Colombo
Supercondominio Quadrifoglio
Varese

Il sottoscritto Luigi Rossi, condomino del supercondominio Quadrifoglio, proprietario della villa n. 12 (mill. 16) con la presente fa richiesta, ai sensi dell'art. 1120 n. 3, comma 3, di voler convocare l'assemblea del supercondominio affinché possa deliberare su mia richiesta sul seguente ordine del giorno:

installazione di una parabola satellitare da collocare su uno dei terrazzi degli edifici adiacenti a un'altezza adeguata a ricevere i dovuti segnali radiotelevisivi e collegabile alla mia abitazione.

Il sottoscritto s'impegna a sostenere personalmente le spese del collegamento.

In attesa di cortese riscontro, porgo i più cordiali saluti

Luigi Rossi

Innovazioni per eliminare le barriere architettoniche

COSA DICE LA LEGGE

ART. 2 • LEGGE 13/1989

Le deliberazioni che hanno per oggetto le innovazioni da attuare negli edifici privati dirette ad eliminare le barriere architettoniche di cui all'art. 27, primo comma, della legge 30 marzo 1971, n. 118, ed all'art. 1, primo comma, del decreto del Presidente della Repubblica 27 aprile 1978, n. 384, nonché la realizzazione di percorsi attrezzati e l'installazione di dispositivi di segnalazione atti a favorire la mobilità dei ciechi all'interno degli edifici privati, sono approvate dall'assemblea del condominio, delibera con le maggioranze previste dall'art. 1120 del codice civile.

[Articolo così modificato dall'art. 27 della legge 220/2012]

Questo articolo sta ad indicare che con la nuova legge quando viene deliberato di introdurre le innovazioni qui indicate, è necessaria la maggioranza prevista dall'articolo 1120 (maggioranza dei presenti in assemblea e almeno la metà dei millesimi di proprietà).

ESEMPIO DI...

RICHIESTA DI ELIMINAZIONE DELLE BARRIERE ARCHITETTONICHE

All'amministratore

Il sottoscritto, condomino nell'edificio condominiale da lei amministrato, proprietario dell'appartamento sito al secondo piano (mill. 32) sono a fare richiesta specifica affinché, ai sensi del comma 2 dell'art. 1120 "eliminazione barriere architettoniche", lei convochi l'assemblea entro 30 giorni da questa mia lettera, per decidere sul seguente ordine del giorno:
intervento all'ingresso della portineria alle scale e agli ascensori in modo che sia provvisto di una pedana da utilizzare con la mia sedia a rotelle per superare i quattro gradini, stante la mia disabilità motoria.
Tale pedana potrà essere di legno così da evitare eccessiva spesa al condominio purché abbia le caratteristiche di idoneità all'uso.

Giovanni Rossi

Innovazioni gravose e voluttuarie

COSA DICE LA LEGGE

ART. 1121 • CODICE CIVILE • INNOVAZIONI GRAVOSE E VOLUTTUARIE

Qualora l'innovazione importi una spesa molto gravosa o abbia carattere voluttuario rispetto alle particolari condizioni e all'importanza dell'edificio e consista in opere, impianti o manufatti suscettibili di utilizzazione separata, i condomini che non intendono trarne vantaggio sono esonerati da qualsiasi contributo nella spesa.
Se l'utilizzazione separata non è possibile, l'innovazione non è consentita, salvo che la maggioranza dei condomini che l'ha deliberata o accettata intenda sopportarne integralmente la spesa.
Nel caso previsto dal primo comma i condomini e i loro eredi o aventi causa possono tuttavia, in qualunque tempo, partecipare ai vantaggi dell'innovazione, contribuendo nelle spese di esecuzione e di manutenzione dell'opera.

Questo articolo (che non ha subìto modifiche) stabilisce che, in determinate situazioni, alcuni condomini possono essere esonerati dal contribuire alle spese relative all'esecuzione e manutenzione delle innovazioni.
È il caso delle innovazioni che comportano una spesa molto gravosa o che hanno un carattere voluttuario rispetto alle particolari condizioni e all'importanza dell'edificio, e che consistono in opere, impianti o manufatti che vengono utilizzati separatamente.

LA LEGGE IN PRATICA

Il ripristino della facciata

Uno degli ordini del giorno che vengono maggiormente contestati dai condomini nelle assemblee è quello del ripristino della facciata del condominio.
Normalmente prevale la maggioranza dei condomini che vogliono un edificio bello e piacevole; altre volte, invece, prevale la decisione contraria. Purtroppo il condominio è una società e, come tale, – dicevano i Romani – è madre delle risse...

Di fronte a innovazioni di questo tipo, i condomini che non intendono partecipare alla spesa non sono tenuti a contribuire né alle spese di esecuzione né a quelle di manutenzione.

Maggioranza richiesta

Resta inteso che la delibera dell'assemblea condominiale per approvare queste innovazioni deve essere sempre approvata con un numero di voti che rappresenti la maggioranza dei partecipanti e i 2/3 del valore dell'edificio.
Se l'utilizzazione separata non è possibile, l'innovazione non è consentita, a meno che la maggioranza dei condomini che l'ha deliberata o accettata non ne sopporti integralmente le spese.

Da voluttuaria a utile

In qualunque momento, però, sia il condomino che ha deciso di non trarre vantaggio dall'innovazione gravosa o voluttuaria, sia i successivi acquirenti dell'immobile di proprietà esclusiva del primo possono decidere di utilizzarla; in questo caso, dovranno contribuire alle spese di esecuzione e di manutenzione dell'opera.

ESEMPIO DI... RICHIESTA DI MODIFICA DA CITOFONO A VIDEOCITOFONO

All'amministratore condominiale

Il sottoscritto Giovanni Colombo, condomino dello stabile di Corso Sempione, 5° piano (mill. 40), ai sensi dell'art. 1121 c.c. le chiede di voler indire un'assemblea al fine di deliberare sul seguente ordine del giorno:
installazione nel condominio di videocitofono (oggi esiste solo il citofono).

Qualora l'assemblea non dovesse approvare tale installazione, il sottoscritto con la presente dichiara di essere disponibile a sostenere tutti i costi necessari per i lavori idonei all'installazione per un proprio uso esclusivo del videocitofono.
Distinti saluti.

Giovanni Rossi

Opere dannose alle parti comuni

COSA DICE LA LEGGE

ART. 1122 • CODICE CIVILE • OPERE SU PARTI DI PROPRIETÀ A USO INDIVIDUALE

Nell'unità immobiliare di sua proprietà ovvero nelle parti normalmente destinate all'uso comune, che siano state attribuite in proprietà esclusiva o destinate all'uso individuale, il condomino non può eseguire opere che rechino danno alle parti comuni ovvero determinino pregiudizio alla stabilità, alla sicurezza o al decoro architettonico dell'edificio.
In ogni caso è data preventiva notizia all'amministratore che ne riferisce all'assemblea.

[Articolo così modificato dall'art. 6 della legge 220/2012]

La norma stabilisce il divieto di recar danno alle parti comuni, anche se la parte comune è stata trasferita in proprietà ad un condomino.

ESEMPIO DI... RICHIESTA DI CHIUSURA DI UN BALCONE TRAMITE VERANDA

All'amministratore condominiale
del Condominio Sempione 30

Il sottoscritto, condomino dell'edificio da lei amministrato e proprietario dell'appartamento sito al 5° piano della scala B (mill. 22), con la presente, ai sensi dell'art. 1122 "Opere su parti di proprietà a uso individuale", le porto preventiva richiesta di eseguire la chiusura del mio balcone tramite veranda.
Le allego progetto fattomi dall'architetto; ritenendo che tale mia opera, da eseguire a mie cure e spese, non crei pregiudizio al decoro architettonico della facciata dell'edificio, gradirei che ne riferisse alla prossima assemblea convocata per il giorno 18 novembre p.v. e che ne ottenga delibera inerente.

Giovanni Rossi

LA LEGGE IN PRATICA

La modifica arbitraria del tetto che è parte comune

Si fa il caso che un condomino, proprietario del sottotetto per acquisto di detta proprietà, modifichi arbitrariamente il tetto che è parte comune del condominio, sostituendo le tegole con l'ondolux o con dei lucernari per poter dare luce alla sua proprietà. Tale modifica può essere fatta solo con l'approvazione dei 4/5 degli intervenuti all'assemblea e che rappresentino anche i 4/5 dei millesimi.

L'assemblea in questo specifico caso discuterà se approvare o meno la costruzione della veranda.

Alla fine la maggioranza dell'assemblea si potrà opporre sostenendo ai sensi dell'art. 1122 che tale costruzione rechi pregiudizio al decoro architettonico della facciata dell'edificio.

IL GIUDICE HA DETTO CHE...

Ai sensi degli artt. 1130 (primo comma, n. 4), e 1131 cod. civ., l'amministratore del condominio è legittimato, senza necessità di una specifica deliberazione assembleare, ad instaurare un giudizio per la rimozione di finestre aperte abusivamente, in contrasto con il regolamento, sulla facciata dello stabile condominiale, da taluni condomini, in quanto tale atto, essendo diretto a conservare il decoro architettonico dell'edificio contro ogni alterazione dell'estetica dello stesso, è finalizzato alla conservazione dei diritti inerenti alle parti comuni dell'edificio.

Corte di Cassazione, Sentenza 17 giugno 2010, n. 14626

Impianti individuali radio tv e di energia rinnovabile

Veniamo ora a un aspetto della riforma del condominio riguardante gli impianti non centralizzati di ricezione radiotelevisiva e di produzione di energia da fonti rinnovabili, oltre che gli impianti di videosorveglianza sulle parti comuni: si tratta di una novità assoluta, introdotta dalla legge 220/2012.

COSA DICE LA LEGGE

ART. 1122-bis • CODICE CIVILE • IMPIANTI NON CENTRALIZZATI DI RICEZIONE RADIOTELEVISIVA E DI PRODUZIONE DI ENERGIA DA FONTI RINNOVABILI

Le installazioni di impianti non centralizzati per la ricezione radiotelevisiva e per l'accesso a qualunque altro genere di flusso informativo, anche da satellite o via cavo, e i relativi collegamenti fino al punto di diramazione per le singole utenze sono realizzati in modo da recare il minor pregiudizio alle parti comuni e alle unità immobiliari di proprietà individuale, preservando in ogni caso il decoro architettonico dell'edificio, salvo quanto previsto in materia di reti pubbliche.

È consentita l'installazione di impianti per la produzione di energia da fonti rinnovabili destinati al servizio di singole unità del condominio sul lastrico solare, su ogni altra idonea superficie comune e sulle parti di proprietà individuale dell'interessato.

Qualora si rendano necessarie modificazioni delle parti comuni, l'interessato ne dà comunicazione all'amministratore indicando il contenuto specifico e le modalità di esecuzione degli interventi. L'assemblea può prescrivere, con la maggioranza di cui al quinto comma dell'articolo 1136, adeguate modalità alternative di esecuzione o imporre cautele a salvaguardia della stabilità, della sicurezza o del decoro architettonico dell'edificio e, ai fini dell'installazione degli impianti di cui al secondo comma, provvede, a

richiesta degli interessati, a ripartire l'uso del lastrico solare e delle altre superfici comuni, salvaguardando le diverse forme di utilizzo previste dal regolamento di condominio o comunque in atto. L'assemblea, con la medesima maggioranza, può altresì subordinare l'esecuzione alla prestazione, da parte dell'interessato, di idonea garanzia per i danni eventuali.
L'accesso alle unità immobiliari di proprietà individuale deve essere consentito ove necessario per la progettazione e per l'esecuzione delle opere.
Non sono soggetti ad autorizzazione gli impianti destinati alle singole unità abitative.

[Articolo inserito dall'art. 7 della legge 220/2012]

ART. 1122-ter • CODICE CIVILE • IMPIANTI DI VIDEOSORVEGLIANZA SULLE PARTI COMUNI

Le deliberazioni concernenti l'installazione sulle parti comuni dell'edificio di impianti volti a consentire la videosorveglianza su di esse sono approvate dall'assemblea con la maggioranza di cui al secondo comma dell'articolo 1136.

[Articolo inserito dall'art. 7 della legge 220/2012]

Ecco una legge tanto sospirata che chiarisce alcuni punti controversi sulle opere da installare.

Da notare le due differenti maggioranze necessarie per l'approvazione delle opere: maggioranza semplice per il secondo, maggioranza dei 2/3 del valore per il primo.
La nuova legge sul condominio interviene a tal proposito anche sulle disposizioni attuative del codice civile, con un articolo specifico (155-bis).

NOVITÀ

In pratica, viene riconosciuto al singolo condomino il diritto a installare un impianto individuale per la ricezione radiotelevisiva.
Non solo: viene introdotta la possibilità di installare impianti per la produzione di energia da fonti rinnovabili destinati alle singole unità abitative senza autorizzazione dell'assemblea, che eserciterà solo attività di controllo.

COSA DICE LA LEGGE

ART. 155-bis • DISPOSIZIONI ATTUATIVE DEL CODICE CIVILE

L'assemblea, ai fini dell'adeguamento degli impianti non centralizzati di cui all'articolo 1122-bis, primo comma, del codice, già esistenti alla data di entrata in vigore del predetto articolo, adotta le necessarie prescrizioni con le maggioranze di cui all'articolo 1136, commi primo, secondo e terzo, del codice.

[Articolo inserito dall'art. 26 della legge 220/2012]

Quest'ultimo articolo indica con quale maggioranza si possono eseguire l'adeguamento necessario per gli impianti già esistenti prima dell'entrata in vigore di questa legge; tale maggioranza è quella prevista nell'art. 1136, al comma 1 (prima convocazione: 2/3 dei partecipanti e 2/3 del valore) al comma 2 (prima convocazione: maggioranza e almeno metà del valore) al comma 3 (1/3 dei partecipanti e 1/3 del valore in seconda convocazione).

A proposito delle energie rinnovabili, tema sempre più cruciale e di attualità, nella nuova legge del condominio il legislatore ha voluto esplicitare, con un testo semplice e chiaro, tutto ciò che occorre specificare in materia, evitando quanto più possibile eventuali liti condominiali. L'articolo 1122–bis, in pratica dispone che le opere necessarie per favorire le energie rinnovabili possano essere approvate con delle maggioranze ridotte portandole fino a 1/3 dei partecipanti e a 1/3 dei millesimi.

Interventi sugli impianti di risparmio energetico e di termoregolazione

COSA DICE LA LEGGE

ART. 26 • LEGGE 10/1991

2. Per gli interventi sugli edifici e sugli impianti volti al contenimento del consumo energetico ed all'utilizzazione delle fonti di energia di cui all'articolo 1, individuati attraverso un attestato di certificazione energetica o una diagnosi energetica realizzata da un tecnico abilitato, le pertinenti decisioni condominiali sono valide se adottate con la maggioranza degli intervenuti, con un numero di voti che rappresenti almeno un terzo del valore dell'edificio.

5. Per le innovazioni relative all'adozione di sistemi di termoregolazione e di contabilizzazione del calore e per il conseguente riparto degli oneri di riscaldamento in base al consumo effettivamente registrato, l'assemblea di condominio delibera con le maggioranze previste dal secondo comma dell'articolo 1120 del codice civile.

[Commi così modificati dall'art. 28 della legge 220/2012]

Questo articolo indica specificatamente quali sono le maggioranze previste per alcune delibere riguardanti la modifica di queste due leggi (comma 2 e comma 5). Per la prima basta la maggioranza degli intervenuti in assemblea che rappresenti almeno 1/3 dei millesimi; per la seconda è necessaria la maggioranza degli intervenuti e almeno la metà del valore del condominio.

ESEMPIO DI... CONVOCAZIONE DI ASSEMBLEA STRAORDINARIA PER INSTALLAZIONE PANNELLI FOTOVOLTAICI

Convocazione di assemblea straordinaria

I signori condomini sono invitati all'assemblea straordinaria che viene fissata il giorno .... alle ore 9 in prima convocazione e il giorno .... alle ore 18 in seconda convocazione presso il mio studio in via Dante 10 – Milano

Ordine del giorno:

1. Installazione pannelli solari sul tetto del condominio: preventivo di spesa € 60.000,00 con pagamento in 3 anni;
2. Varie ed eventuali: non essendo necessario per tale impianto la totalità dei millesimi e dei condomini ma secondo l'art. 28 nuova legge, comma 2, in seconda convocazione è sufficiente la maggioranza degli intervenuti e almeno un terzo del valore.

Siete invitati a partecipare al fine di ottenere una maggioranza più ampia.

In fede

L'Amministratore

Nuove tecnologie di radiodiffusione da satellite

Anche in caso di installazione delle parabole satellitari si applicano i criteri dell'articolo 1120, ossia regolamentando la maggioranza necessaria per approvare i lavori.

COSA DICE LA LEGGE

ART. 2-bis • LEGGE 66/2011

13. Al fine di favorire lo sviluppo e la diffusione delle nuove tecnologie di radiodiffusione da satellite, le opere di installazione di nuovi impianti sono innovazioni necessarie ai sensi dell'articolo 1120, primo comma, del codice civile. Per l'approvazione delle relative deliberazioni si applica l'articolo 1120, secondo comma, dello stesso codice (maggioranza degli intervenuti e almeno la metà dei millesimi). Le disposizioni di cui ai precedenti periodi non costituiscono titolo per il riconoscimento di benefici fiscali.

[Comma così modificato dall'art. 29 della legge 220/2012]

Vale per questi articoli quanto abbiamo già scritto nelle pagine precedenti e più precisamente si sottolinea che il legislatore ha voluto favorire con le riduzioni delle maggioranze previste da questi articoli lo sviluppo e la diffusione delle nuove tecnologie.

CURIOSITÀ

Tv satellitare in Italia, pratica sempre più frequente

Una famiglia italiana su tre in Italia sceglie la tv satellitare come primo veicolo radiotelevisivo. È quanto rileva lo scenario estratto dal Satellite Monitor 2013 presentato dall'operatore satellitare Ses Astra, uno dei principali a livello mondiale. Sempre da quanto riportato dall'operatore, sarebbero 24 milioni le famiglie italiane che ricevono oggi il segnale televisivo, due terzi delle quali (64%) si sintonizzano solo sui canali del digitale terrestre in chiaro o a pagamento.

(Fonte: Il Sole 24 Ore)

Ripartizione delle spese su parti e servizi comuni

COSA DICE LA LEGGE

ART. 1123 • CODICE CIVILE • RIPARTIZIONE DELLE SPESE

Le spese necessarie per la conservazione e per il godimento delle parti comuni dell'edificio, per la prestazione dei servizi nell'interesse comune e per le innovazioni deliberate dalla maggioranza, sono sostenute dai condomini in misura proporzionale al valore della proprietà di ciascuno, salvo diversa convenzione.
Se si tratta di cose destinate a servire i condomini in misura diversa, le spese sono ripartite in proporzione dell'uso che ciascuno può farne. Qualora un edificio abbia più scale, cortili, lastrici solari, opere o impianti destinati a servire una parte dell'intero fabbricato, le spese relative alla loro manutenzione sono a carico del gruppo di condomini che ne trae utilità.

Tutti i condomini devono contribuire al pagamento delle spese relative sia alla manutenzione ordinaria sia a quella straordinaria delle parti e dei servizi comuni (per esempio, l'ascensore). Le spese in questione vengono approvate dai condomini riuniti in assemblea.
Occorre però distinguere tra spese ordinarie, spese straordinarie di notevole entità e innovazioni. Il nostro codice, infatti, a seconda del tipo di spesa, dispone per la loro approvazione la presenza in assemblea di un certo numero di condomini (quorum costitutivo), nonché il raggiungimento di un certo numero di voti favorevoli (quorum deliberativo).

SPESE ORDINARIE

Sono considerate spese ordinarie quelle riguardanti la manutenzione e conservazione dell'edificio e l'erogazione dei normali servizi nell'interesse comune. Si tratta di spese che, sebbene vengano deliberate preventivamente dall'assemblea, rientrano nelle normali attribuzioni dell'amministratore, tenuto peraltro a sostenerle, quantomeno in

caso di urgenza, anche se non preventivate.
L'obbligatorietà della spesa non nasce dunque dalla delibera, ma dall'effettiva esigenza di mantenere e conservare i beni comuni.

DOMANDE & RISPOSTE

È possibile fare un esempio di quali possono essere considerate opere ordinarie e straordinarie per quanto riguarda il condominio?

L'esempio più facile, in questo caso, può riferirsi alle due parti dell'edificio su cui si registra il maggior numero di interventi: la facciata e il tetto.
Nel primo caso la ristrutturazione viene considerata un'opera straordinaria; invece, il rinnovo e la sistemazione del tetto è una spesa ordinaria.

SPESE STRAORDINARIE E INNOVAZIONI

È diverso il caso di opere di manutenzione straordinaria e di innovazioni, per le quali la delibera da parte dell'assemblea diventa il presupposto essenziale per la loro esecuzione. Tali criteri possono essere derogati soltanto in presenza di un regolamento di condominio predisposto dal costruttore-venditore o approvato dai condomini all'unanimità.Oltre ai criteri generali di riparto delle spese condominiali, il nostro codice prevede specifici criteri di riparto delle spese per determinate parti comuni.

IL GIUDICE HA DETTO CHE...

In caso di azione giudiziale dell'amministratore del condominio per il recupero della quota di spese di competenza di una unità immobiliare di proprietà esclusiva, è passivamente legittimato il vero proprietario di detta unità e non anche chi possa apparire tale, poiché difettano, nei rapporti fra condominio, che è un ente di gestione, e i singoli partecipanti ad esso, le condizioni per l'operatività del principio dell'apparenza del diritto, strumentale essenzialmente a esigenze di tutela dell'affidamento del terzo in buona fede, ed essendo, d'altra parte, il collegamento della legittimazione passiva alla effettiva titolarità della proprietà funzionale al rafforzamento e al soddisfacimento del credito della gestione condominiale.

Cass. civ. Sez. II, 12 gennaio 2011, n. 574

Scale e ascensori

COSA DICE LA LEGGE

ART. 1124 • CODICE CIVILE • MANUTENZIONE E SOSTITUZIONE DELLE SCALE E DEGLI ASCENSORI

Le scale e gli ascensori sono mantenuti e sostituiti dai proprietari delle unità immobiliari a cui servono. La spesa relativa è ripartita tra essi, per metà in ragione del valore delle singole unità immobiliari e per l'altra metà esclusivamente in misura proporzionale all'altezza di ciascun piano dal suolo. Al fine del concorso nella metà della spesa, che è ripartita in ragione del valore, si considerano come piani le cantine, i palchi morti, le soffitte o camere a tetto e i lastrici solari, qualora non siano di proprietà comune.

[Articolo così modificato dall'art. 8 della legge 220/2012]

Le spese relative alla manutenzione e ricostruzione delle scale condominiali e degli ascensori vengono ripartite tra i condomini in proporzione al valore delle proprietà esclusive di ciascun condomino e all'uso della singola cosa comune.

Infatti, la legge (art. 1124 codice civile) dispone, anche se in termini impropri, che tali spese in esame siano ripartite per metà in ragione del valore dei singoli piani o porzioni di piano e per metà in funzione dell'altezza di ogni piano dal suolo.

Per calcolare la metà della spesa ripartita in base al valore si considerano come piani le cantine, i palchi morti, le soffitte e i lastrici solari, se non sono di proprietà comune.

Qualora in un condominio le scale siano sprovviste di corrimano e soprattutto manchi l'ascensore, il condomino che usufruisce di tale scala può chiederne l'installazione con le relative spese a carico del condominio.

Soffitti, volte, solai e lastrici solari

Gli articoli del codice civile relativi a queste parti dell'edificio sono rimasti identici dall'approvazione del testo del 1942 in quanto di chiaro contenuto e anche perché non hanno dato motivo, se non in casi eccezionali, di far nascere controversie giudiziarie.
Vale la pena proporre il testo di legge e darne una spiegazione per comprendere meglio la loro importanza

COSA DICE LA LEGGE

ART. 1125 • CODICE CIVILE • MANUTENZIONE E RICOSTRUZIONE DEI SOFFITTI, DELLE VOLTE E DEI SOLAI

Le spese per la manutenzione e ricostruzione dei soffitti, delle volte e dei solai sono sostenute in parti eguali dai proprietari dei due piani l'uno all'altro sovrastanti, restando a carico del proprietario del piano superiore la copertura del pavimento e a carico del proprietario del piano inferiore l'intonaco, la tinta e la decorazione del soffitto.

ART. 1126 • CODICE CIVILE • LASTRICI SOLARI DI USO ESCLUSIVO

Quando l'uso dei lastrici solari o di una parte di essi non è comune a tutti i condomini, quelli che ne hanno l'uso esclusivo sono tenuti a contribuire per un terzo nella spesa delle riparazioni o ricostruzioni del lastrico: gli altri due terzi sono a carico di tutti i condomini dell'edificio o della parte di questo a cui il lastrico solare serve, in proporzione del valore del piano o della porzione di piano di ciascuno.

Il lastrico solare è eccezionalmente la copertura del condominio che, di solito, è costituita da tegole. In tale situazione, quando il lastrico solare o terrazza deve essere riparato le spese pesano per 1/3 sul proprietario del lastrico o dell'ultimo piano e 2/3 sui condomini.

Costruire sopra l'ultimo piano

COSA DICE LA LEGGE

ART. 1127 • CODICE CIVILE • COSTRUZIONE SOPRA L'ULTIMO PIANO DELL'EDIFICIO

Il proprietario dell'ultimo piano dell'edificio può elevare nuovi piani o nuove fabbriche, salvo che risulti altrimenti dal titolo. La stessa facoltà spetta a chi è proprietario esclusivo del lastrico solare.
La sopraelevazione non è ammessa se le condizioni statiche dell'edificio non la consentono.
I condomini possono altresì opporsi alla sopraelevazione, se questa pregiudica l'aspetto architettonico dell'edificio ovvero diminuisce notevolmente l'aria o la luce dei piani sottostanti.
Chi fa la sopraelevazione deve corrispondere agli altri condomini un'indennità pari al valore attuale dell'area da occuparsi con la nuova fabbrica, diviso per il numero, dei piani, ivi compreso quello da edificare, e detratto l'importo della quota a lui spettante. Egli è inoltre tenuto a ricostruire il lastrico solare di cui tutti o parte dei condomini avevano il diritto di usare.

È strano che questo articolo di legge non abbia generato sentenze di cassazione, come invece accaduto nel caso della trasformazione del sottotetto in terrazza. Ecco una sentenza di Cassazione che ha fatto scalpore: ha stabilito, infatti, che il sottotetto può diventare terrazza modificando così il tetto che è parte comune del condominio. È una sentenza che va in senso contrario alla legge secondo la quale per modificare una parte comune è necessaria la delibera assembleare del condominio (vedi p.30). Può darsi che questa sentenza rimanga unica: oggi non la si può ancora dire giurisprudenza.

IL GIUDICE HA DETTO CHE...

Il condomino proprietario dell'ultimo piano può trasformare il suo sottotetto trasformandolo parzialmente in terrazza: questo è l'innovativo principio adottato dalla Corte di cassazione con la sentenza

14107 del 3 agosto 2012. Il nuovo indirizzo motivatamente supera precedenti autorevoli dello steso giudice (Cassazione 1737/2005) che impedivano al condomino proprietario di realizzare terrazze in sostituzione parziale del loro sottotetto.

Il caso esaminato riguarda un'opera realizzata dal proprietario dell'ultimo piano, che aveva proceduto al taglio di una falda del tetto per ricavarne una terrazza da destinare al servizio del sottotetto di sua proprietà esclusiva: secondo gli altri condomini del palazzo, tale intervento avrebbe arrecato pregiudizio alla statica della struttura portante nonché al decoro dell'edificio.

Oggetto del contendere era la sostituzione, da parte del proprietario dell'ultimo piano di un edificio condominiale, del tetto che risultava sostituito in parte con una diversa copertura (terrazza) la quale, pur non eliminando la funzione originariamente svolta dal tetto, imprimeva al bene anche una destinazione a uso esclusivo dell'autore dell'opera.

Dall'agosto 2012 questo è condiviso dai giudici della Cassazione, poiché il condomino, proprietario del piano sottostante al tetto comune, può effettuare la trasformazione di una parte del tetto dell'edificio in terrazza a uso esclusivo proprio, a condizione che sia salvaguardata, mediante opere adeguate, la funzione di copertura e protezione delle sottostanti strutture svolta dal tetto preesistente. In altri termini deve restare complessivamente mantenuta, con una modifica che deve restare "non significativa", la destinazione principale del bene. In altri termini, si può trasformare senza il consenso dei condomini un tetto di proprietà esclusiva di un condominio in una diversa struttura, che in parte rimanga tetto e in parte (non preponderante) diventi terrazza.

La realizzazione di piccole terrazze che sostituiscano efficacemente il tetto spiovente nella funzione di copertura dell'edificio non alterano quindi la destinazione del tetto, se c'è un adeguato isolamento e un'idonea coibentazione inserita nel nuovo piano di calpestio della terrazza. Inoltre, la soppressione di una porzione limitata della falda non è di per sé alterazione della destinazione del tetto, perché per destinazione si deve intendere quella complessiva, che non esige un'immodificabile consistenza materiale.

Perimento dell'edificio

COSA DICE LA LEGGE

ART. 1128 • CODICE CIVILE • PERIMENTO TOTALE O PARZIALE DELL'EDIFICIO

Se l'edificio perisce interamente o per una parte che rappresenti i tre quarti del suo valore, ciascuno dei condomini può richiedere la vendita all'asta del suolo e dei materiali, salvo che sia stato diversamente convenuto.
Nel caso di perimento di una parte minore, l'assemblea dei condomini delibera circa la ricostruzione delle parti comuni dell'edificio, e ciascuno è tenuto a concorrervi in proporzione dei suoi diritti sulle parti stesse.
L'indennità corrisposta per l'assicurazione relativa alle parti comuni è destinata alla ricostruzione di queste.
Il condomino che non intende partecipare alla ricostruzione dell'edificio è tenuto a cedere agli altri condomini i suoi diritti, anche sulle parti di sua esclusiva proprietà, secondo la stima che ne sarà fatta, salvo che non preferisca cedere i diritti stessi ad alcuni soltanto dei condomini.

L'articolo è in gran parte derivato dalla disastrosa distruzione degli edifici crollati nei numerosi terremoti avvenuti in Italia dal 1909 (Messina) in poi fino al 1940. Altre scosse sismiche hanno danneggiato i fabbricati (è il caso dell'Irpinia), distruggendo, però, per lo più case di piccoli proprietari. Fra qualche anno invece sapremo come si orienterà la giurisprudenza per il terremoto avvenuto a L'Aquila (in particolare per il crollo della Casa dello Studente).

LA LEGGE IN PRATICA

Le responsabilità del costruttore

Il costruttore è responsabile della rovina dell'edificio per dieci anni dalla realizzazione dello stabile. Lo sostiene l'art. 1669 del codice civile, secondo cui «Se, nel corso di dieci anni dal compimento, l'opera, per vizio del suolo o per difetto della costruzione, rovina in tutto o in parte, ovvero presenta evidente pericolo di rovina o gravi difetti, l'appaltatore é responsabile nei confronti del committente e dei suoi aventi causa, purché sia fatta la denunzia entro un anno dalla scoperta.»

Appartamento e parti comuni

Nel condominio vi è una parte consistente di proprietà privata: gli appartamenti. Come già detto, il condominio vero e proprio è costituito solo dalle parti comuni dell'edificio di cui i singoli condomini sono comproprietari proporzionalmente al valore del piano o porzione di piano della proprietà esclusiva, a meno che il titolo di acquisto di quest'ultima non disponga diversamente.

Proprietario dell'appartamento

Il singolo condomino è poi proprietario esclusivo di un'unità immobiliare situata nell'edificio condominiale. Ogni condomino quindi, ai sensi dell'art. 832 c.c. (norma che definisce il contenuto del diritto di proprietà in generale), ha diritto di godere e disporre dell'unità immobiliare di sua proprietà in modo pieno ed esclusivo, entro i limiti e con l'osservanza degli obblighi stabiliti dall'ordinamento giuridico.

Limitazioni

Ciascun condomino, nel piano o porzione di piano di sua proprietà esclusiva, non può eseguire opere che rechino danno alle parti comuni dell'edificio: in pratica, non può, compiendo opere sulla sua proprietà esclusiva, modificare la destinazione delle parti comuni, diminuire o ostacolare l'uso delle stesse parti da parte degli altri condomini, né tantomeno pregiudicare la stabilità, la sicurezza o il decoro architettonico. Inoltre, il regolamento condominiale (approvato all'unanimità dei partecipanti al condominio) può porre ulteriori limitazioni, rispetto a quelle già previste dall'art. 1122 c.c., all'uso delle parti di proprietà esclusiva a tutela delle parti condominiali. Un esempio tipico è il divieto di adibire l'unità immobiliare a studio medico o ad attività commerciali (ristorante, bar, sala giochi ecc.).
L'esecuzione di opere sulle parti di proprietà esclusiva non deve arrecare danni neppure alla proprietà degli altri condomini.

Questo tipo di tutela non rientra nella nuova norma di legge sul condominio ma trova la sua regolamentazione nelle norme riguardanti i limiti della proprietà nei rapporti di buon vicinato illustrato dagli articoli del codice civile riguardanti la proprietà. In ogni caso queste ultime norme non possono mai porsi in contrasto con l'esercizio dei diritti condominiali sulle parti comuni.

IL GIUDICE HA DETTO CHE...

Tra gli esempi di particolare attualità va segnalata la regolamentazione circa l'installazione delle telecamere o quella di un condizionatore nell'ambito del condominio:
La Corte di Cassazione, con la sentenza del 5 giugno 2008, n. 22602, ha considerato lecite le video riprese effettuate tramite una telecamera esterna all'edificio che inquadra l'ingresso, a condizione che l'area interessata dalla video registrazione ricada nella fruizione di un numero indifferenziato di persone e non attenga alla sfera di privata dimora di un singolo soggetto.
Inoltre la giurisprudenza è unanime nel dichiarare che l'installazione sul muro perimetrale della proprietà del condominio di un condizionatore d'aria rientra tra gli usi consentiti della cosa comune e non è necessaria quindi l'autorizzazione da parte dell'assemblea, a meno che tale innovazione non alteri il decoro architettonico del condominio.

PARTE SECONDA

L'amministratore

La figura dell'amministratore ha un'importanza cruciale nella vita del condominio. Nella legge 220/2012 vengono disciplinati tutti gli aspetti inerenti questo ruolo, a partire dalla sua nomina e dai requisiti necessari per poter assumere la carica fino alla revoca.
La riforma del condominio indica attentamente quali sono i doveri e i poteri dell'amministratore, investendo questa figura di una grande responsabilità.
Tra gli obblighi spicca la necessità di presentare il rendiconto della sua gestione, con tutti i dati economici e patrimoniali riguardanti il condominio.
L'amministratore è il "gestore" del condominio, ma ne è anche il suo rappresentante in giudizio nelle azioni che riguardano in generale l'amministrazione delle parti comuni.

Nomina, revoca e obblighi dell'amministratore

La nuova legge del condominio indica con un numeroso elenco i doveri e gli adempimenti a carico dell'amministratore eletto o nominato dall'autorità giudiziaria.

COSA DICE LA LEGGE

ART. 1129 • CODICE CIVILE • NOMINA, REVOCA ED OBBLIGHI DELL'AMMINISTRATORE

Quando i condomini sono più di otto, se l'assemblea non vi provvede, la nomina di un amministratore è fatta dall'autorità giudiziaria su ricorso di uno o più condomini o dell'amministratore dimissionario.
Contestualmente all'accettazione della nomina e ad ogni rinnovo dell'incarico, l'amministratore comunica i propri dati anagrafici e professionali, il codice fiscale, o, se si tratta di società, anche la sede legale e la denominazione, il locale ove si trovano i registri di cui ai numeri 6) e 7) dell'articolo 1130, nonché i giorni e le ore in cui ogni interessato, previa richiesta all'amministratore, può prenderne gratuitamente visione e ottenere, previo rimborso della spesa, copia da lui firmata.
L'assemblea può subordinare la nomina dell'amministratore alla presentazione ai condomini di una polizza individuale di assicurazione per la responsabilità civile per gli atti compiuti nell'esercizio del mandato.
L'amministratore è tenuto altresì ad adeguare i massimali della polizza se nel periodo del suo incarico l'assemblea deliberi lavori straordinari. Tale adeguamento non deve essere inferiore all'importo di spesa deliberato e deve essere effettuato contestualmente all'inizio dei lavori. Nel caso in cui l'amministratore sia coperto da una polizza di assicurazione per la responsabilità civile professionale generale per l'intera attività da lui svolta, tale polizza deve essere integrata con una dichiarazione dell'impresa di assicurazione che garantisca le condizioni previste dal periodo precedente per lo specifico condominio.

Sul luogo di accesso al condominio o di maggior uso comune, accessibile anche ai terzi, è affissa l'indicazione delle generalità, del domicilio e dei recapiti, anche telefonici, dell'amministratore.
In mancanza dell'amministratore, sul luogo di accesso al condominio o di maggior uso comune, accessibile anche ai terzi, è affissa l'indicazione delle generalità e dei recapiti, anche telefonici, della persona che svolge funzioni analoghe a quelle dell'amministratore.
L'amministratore è obbligato a far transitare le somme ricevute a qualunque titolo dai condomini o da terzi, nonché quelle a qualsiasi titolo erogate per conto del condominio, su uno specifico conto corrente, postale o bancario, intestato al condominio; ciascun condomino, per il tramite dell'amministratore, può chiedere di prendere visione ed estrarre copia, a proprie spese, della rendicontazione periodica.
Alla cessazione dell'incarico l'amministratore è tenuto alla consegna di tutta la documentazione in suo possesso afferente al condominio e ai singoli condomini e ad eseguire le attività urgenti al fine di evitare pregiudizi agli interessi comuni senza diritto ad ulteriori compensi.
Salvo che sia stato espressamente dispensato dall'assemblea, l'amministratore è tenuto ad agire per la riscossione forzosa delle somme dovute dagli obbligati entro sei mesi dalla chiusura dell'esercizio nel quale il credito esigibile è compreso, anche ai sensi dell'articolo 63, primo comma, delle disposizioni per l'attuazione del presente codice.
L'incarico di amministratore ha durata di un anno e si intende rinnovato per eguale durata. L'assemblea convocata per la revoca o le dimissioni delibera in ordine alla nomina del nuovo amministratore.
La revoca dell'amministratore può essere deliberata in ogni tempo dall'assemblea, con la maggioranza prevista per la sua nomina oppure con le modalità previste dal regolamento di condominio. Può altresì essere disposta dall'autorità giudiziaria, su ricorso di ciascun condomino, nel caso previsto dal quarto comma dell'articolo 1131, se non rende il conto della gestione, ovvero in caso di gravi irregolarità.
Nei casi in cui siano emerse gravi irregolarità fiscali o di non ottemperanza a quanto disposto dal numero 3) del dodicesimo comma del presente articolo, i condomini, anche singolarmente, possono chiedere la convocazione dell'assemblea per far cessare la violazione e revocare il mandato all'amministratore. In caso di mancata revoca da parte dell'assemblea,ciascun

condomino può rivolgersi all'autorità giudiziaria; in caso di accoglimento della domanda, il ricorrente, per le spese legali, ha titolo alla rivalsa nei confronti del condominio, che a sua volta può rivalersi nei confronti dell'amministratore revocato.
Costituiscono, tra le altre, gravi irregolarità:
1) l'omessa convocazione dell'assemblea per l'approvazione del rendiconto condominiale, il ripetuto rifiuto di convocare l'assemblea per la revoca e per la nomina del nuovo amministratore o negli altri casi previsti dalla legge;
2) la mancata esecuzione di provvedimenti giudiziari e amministrativi, nonché di deliberazioni dell'assemblea;
3) la mancata apertura ed utilizzazione del conto di cui al settimo comma;
4) la gestione secondo modalità che possono generare possibilità di confusione tra il patrimonio del condominio e il patrimonio personale dell'amministratore o di altri condomini;
5) l'aver acconsentito, per un credito insoddisfatto, alla cancellazione delle formalità eseguite nei registri immobiliari a tutela dei diritti del condominio;
6) qualora sia stata promossa azione giudiziaria per la riscossione delle somme dovute al condominio, l'aver omesso di curare diligentemente l'azione e la conseguente esecuzione coattiva;
7) l'inottemperanza agli obblighi di cui all'articolo 1130, numeri 6), 7) e 9);
8) l'omessa, incompleta o inesatta comunicazione dei dati di cui al secondo comma del presente articolo.
In caso di revoca da parte dell'autorità giudiziaria, l'assemblea non può nominare nuovamente l'amministratore revocato.
L'amministratore, all'atto dell'accettazione della nomina e del suo rinnovo, deve specificare analiticamente, a pena di nullità della nomina stessa, l'importo dovuto a titolo di compenso per l'attività svolta.
Per quanto non disciplinato dal presente articolo si applicano le disposizioni di cui alla sezione I del capo IX del titolo III del libro IV.
Il presente articolo si applica anche agli edifici di alloggi di edilizia popolare ed economica, realizzati o recuperati da enti pubblici a totale partecipazione pubblica o con il concorso dello Stato, delle regioni, delle province o dei comuni, nonché a quelli realizzati da enti pubblici non economici o società private senza scopo di lucro con finalità sociali proprie dell'edilizia residenziale pubblica.

[Articolo così modificato dall'art. 9 della legge 220/2012]

La legge ha investito di una grande responsabilità l'amministratore e ne ha indicato la durata, i tassativi adempimenti e i casi in cui l'assemblea o l'autorità giudiziaria, anche su richiesta di un condomino, può revocare tale carica.

NOVITÀ

All'atto della nomina, l'amministratore può presentare ai condomini una polizza individuale di responsabilità il cui costo sarà a carico del condominio; l'assemblea dovrà deliberare la sottoscrizione della polizza qui indicata e nel contempo anche l'ammontare del compenso all'amministratore.

Nomina obbligatoria e facoltativa

Questa disposizione ha il chiaro obiettivo di rendere più agevole l'amministrazione delle parti comuni nell'interesse di tutti i condomini.

NOVITÀ

L'obbligo della nomina di un amministratore dell'edificio scatta per legge quando il numero dei condomini è superiore a otto.

Se il numero dei condomini è uguale o inferiore, la nomina dell'amministratore è facoltativa. Di solito l'amministratore viene nominato dai condomini riuniti in assemblea. La delibera di nomina dell'amministratore deve essere approvata dalla maggioranza degli intervenuti in assemblea o che rappresentino almeno la metà del valore dell'edificio.

IL GIUDICE HA DETTO CHE...

Una recente sentenza (n. 18331/2010) delle sezioni unite della Cassazione ha interpretato restrittivamente l'articolo 1131 del codice civile e ha attribuito all'amministratore condominiale un mero potere di rappresentanza nelle materie che esulano dalle sue attribuzioni, rimettendo quindi ogni potere decisionale all'assemblea.
Infatti, come si rileva nella sentenza, «La prima, fondamentale, competenza dell'amministratore consiste nell'"eseguire le deliberazioni dell'assemblea dei condomini» (art. 1130 c.c., comma 1, n. 1). Da tale disposto si evince che l'essenza delle funzioni dell'amministratore è imprescindibilmente legata al potere decisionale dell'assemblea:

è l'assemblea l'organo deliberativo del condominio e l'organo cui compete l'adozione di decisioni in materia di amministrazione dello stesso, mentre l'amministratore riveste un ruolo di mero esecutore materiale delle deliberazioni adottate in seno all'assemblea. Nessun potere decisionale o gestorio compete all'amministratore di condominio in quanto tale (e ciò a differenza di quanto accade nelle società, sia di persone che di capitali, dove all'amministratore competono poteri propriamente gestionali).

ESEMPIO DI... RICORSO ALL'AUTORITÀ GIUDIZIARIA PER LA NOMINA DI UN AMMINISTRATORE

TRIBUNALE DI ....
RICORSO PER NOMINA DI AMMINISTRATORE
ex art. 1105 comma quarto c.c.

Il sottoscritto ....
.... (C.F. ....),
residente in ...., via ....

PREMESSO

che l'esponente è proprietario di un appartamento di millesimi .... sito nel condominio di via ....;
che nel corso dell'assemblea condominiale tenutasi in ....
non è stato possibile nominare alcun amministratore (doc. 1);
che l'indicazione di nuovi nominativi non ha conseguito la maggioranza prevista dall'art. 1136 comma secondo c.c.;
che pertanto si rende necessario ricorrere all'autorità giudiziaria affinché provveda alla nomina di un amministratore.
Tutto ciò premesso,

CHIEDE

ai sensi e per gli effetti di cui all'art. 1105 comma quarto c.c. che l'Ill.mo Tribunale di ....provveda alla nomina di un amministratore per il condominio di via ....
Si producono: 1) copia del verbale di assemblea condominiale del............................
Con osservanza
..............................., lì ....

....
(firma del condomino)

Richiesta di revoca

COSA DICE LA LEGGE

ART. 64 • DISPOSIZIONI ATTUATIVE DEL CODICE CIVILE

Sulla revoca dell'amministratore, nei casi indicati dall'undicesimo comma dell'articolo 1129 e dal quarto comma dell'articolo 1131 del codice civile, il Tribunale provvede in camera di consiglio, con decreto motivato, sentito l'amministratore in contraddittorio con il ricorrente.
Contro il provvedimento del Tribunale può essere proposto reclamo alla Corte d'Appello nel termine di dieci giorni dalla notificazione o dalla comunicazione.

[Articolo così modificato dall'art. 19 della legge 220/2012]

Sulle modalità previste dalla legge per la revoca dell'amministratore questo articolo indica qual é il diritto del ricorrente che ha presentato richiesta di revoca: quella cioè di partecipare in contraddittorio in tribunale durante la camera di consiglio sulla decisione della revoca e di poter proporre reclamo alla corte d'appello contro il provvedimento negativo del tribunale.

LA LEGGE IN PRATICA

Il ruolo del tribunale nella richiesta di revoca

Questo articolo ha voluto meglio precisare che ogni provvedimento del tribunale riguardante la revoca dell'amministratore deve essere sempre assunto in contraddittorio con il condomino che ha chiesto la revoca, dando allo stesso ricorrente il diritto di proporre autonomamente appello contro la sentenza del tribunale che aveva respinto la richiesta di revoca dell'amministratore.

Chi può fare l'amministratore

È stato introdotto un nuovo articolo alle disposizioni per l'attuazione del codice civile e disposizioni transitorie. Esso indica quali sono i requisiti essenziali di idoneità per poter amministrare un condominio.

COSA DICE LA LEGGE

ART. 71-bis • DISPOSIZIONI ATTUATIVE DEL CODICE CIVILE

Possono svolgere l'incarico di amministratore di condominio coloro:
a) che hanno il godimento dei diritti civili;
b) che non sono stati condannati per delitti contro la pubblica amministrazione, l'amministrazione della giustizia, la fede pubblica, il patrimonio o per ogni altro delitto non colposo per il quale la legge commina la pena della reclusione non inferiore, nel minimo, a due anni e, nel massimo, a cinque anni;
c) che non sono stati sottoposti a misure di prevenzione divenute definitive, salvo che non sia intervenuta la riabilitazione;
d) che non sono interdetti o inabilitati;
e) il cui nome non risulta annotato nell'elenco dei protesti cambiari;
f) che hanno conseguito il diploma di scuola secondaria di secondo grado;
g) che hanno frequentato un corso di formazione iniziale e svolgono attività di formazione periodica in materia di amministrazione condominiale.
I requisiti di cui alle lettere f) e g) del primo comma non sono necessari qualora l'amministratore sia nominato tra i condomini dello stabile.
Possono svolgere l'incarico di amministratore di condominio anche società di cui al titolo V del libro V del codice. In tal caso, i requisiti devono essere posseduti dai soci illimitatamente responsabili, dagli amministratori e dai dipendenti incaricati di svolgere le funzioni di amministrazione dei condominii a favore dei quali la società presta i servizi.
La perdita dei requisiti di cui alle lettere a), b), c), d) ed e) del primo comma comporta la cessazione dall'incarico. In tale evenienza ciascun condo-

mino può convocare senza formalità l'assemblea per la nomina del nuovo amministratore.
A quanti hanno svolto attività di amministrazione di condominio per almeno un anno, nell'arco dei tre anni precedenti alla data di entrata in vigore della presente disposizione, è consentito lo svolgimento dell'attività di amministratore anche in mancanza dei requisiti di cui alle lettere f) e g) del primo comma. Resta salvo l'obbligo di formazione periodica.

[Articolo inserito dall'art. 25 della legge 220/2012]

L'amministratore deve essere in possesso di precisi requisiti morali e professionali.

NOVITÀ

Eccezioni per la nomina

L'articolo di legge prevede alcune eccezioni e in particolare: può essere nominato come amministratore condominiale un condomino qualsiasi anche se sprovvisto di diploma di scuola secondaria di secondo grado e anche se non abbia frequentato i corsi di formazione specifici; inoltre può essere nominato amministratore il responsabile della società incaricata di svolgere l'amministrazione e purché tale rappresentante legale abbia tutti i requisiti prescritti nella sopra citata legge; infine, può svolgere la carica di amministratore anche senza i requisiti f) e g) colui che ha già svolto l'attività di amministrazione di condominio almeno per un anno nei tre anni precedenti all'entrata in vigore della presente legge.

Doveri e poteri dell'amministratore

COSA DICE LA LEGGE

ART. 1130 • CODICE CIVILE • ATTRIBUZIONI DELL'AMMINISTRATORE

L'amministratore, oltre a quanto previsto dall'articolo 1129 e dalle vigenti disposizioni di legge, deve:
1) eseguire le deliberazioni dell'assemblea, convocarla annualmente per l'approvazione del rendiconto condominiale di cui all'articolo 1130-bis e curare l'osservanza del regolamento di condominio;
2) disciplinare l'uso delle cose comuni e la fruizione dei servizi nell'interesse comune, in modo che ne sia assicurato il miglior godimento a ciascuno dei condomini;
3) riscuotere i contributi ed erogare le spese occorrenti per la manutenzione ordinaria delle parti comuni dell'edificio e per l'esercizio dei servizi comuni;
4) compiere gli atti conservativi relativi alle parti comuni dell'edificio;
5) eseguire gli adempimenti fiscali;
6) curare la tenuta del registro di anagrafe condominiale contenente le generalità dei singoli proprietari e dei titolari di diritti reali e di diritti personali di godimento, comprensive del codice fiscale e della residenza o domicilio, i dati catastali di ciascuna unità immobiliare, nonché ogni dato relativo alle condizioni di sicurezza delle parti comuni dell'edificio. Ogni variazione dei dati deve essere comunicata all'amministratore in forma scritta entro sessanta giorni. L'amministratore, in caso di inerzia, mancanza o incompletezza delle comunicazioni, richiede con lettera raccomandata le informazioni necessarie alla tenuta del registro di anagrafe. Decorsi trenta giorni, in caso di omessa o incompleta risposta, l'amministratore acquisisce le informazioni necessarie, addebitandone il costo ai responsabili;
7) curare la tenuta del registro dei verbali delle assemblee, del registro di nomina e revoca dell'amministratore e del registro di contabilità. Nel registro dei verbali delle assemblee sono altresì annotate: le eventuali

mancate costituzioni dell'assemblea, le deliberazioni nonché le brevi dichiarazioni rese dai condomini che ne hanno fatto richiesta; allo stesso registro è allegato il regolamento di condominio, ove adottato. Nel registro di nomina e revoca dell'amministratore sono annotate, in ordine cronologico, le date della nomina e della revoca di ciascun amministratore del condominio, nonché gli estremi del decreto in caso di provvedimento giudiziale. Nel registro di contabilità sono annotati in ordine cronologico, entro trenta giorni da quello dell'effettuazione, i singoli movimenti in entrata ed in uscita. Tale registro può tenersi anche con modalità informatizzate;
8) conservare tutta la documentazione inerente alla propria gestione riferibile sia al rapporto con i condomini sia allo stato tecnico-amministrativo dell'edificio e del condominio;
9) fornire al condomino che ne faccia richiesta attestazione relativa allo stato dei pagamenti degli oneri condominiali e delle eventuali liti in corso;
10) redigere il rendiconto condominiale annuale della gestione e convocare l'assemblea per la relativa approvazione entro centottanta giorni.

[Articolo così modificato dall'art. 10 della legge 220/2012]

Ecco, in sintesi, cosa può e deve fare l'amministratore di condominio:
- eseguire le delibere dell'assemblea condominiale;
- curare l'osservanza del regolamento di condominio;
- disciplinare l'uso delle parti comuni e la prestazione dei servizi nell'interesse comune, in modo che ne sia assicurato il miglior godimento a tutti i condomini;
- riscuotere i contributi e le spese;
- erogare le spese occorrenti per la manutenzione ordinaria delle parti comuni dell'edificio e per l'esercizio dei servizi comuni;
- compiere gli atti conservativi dell'edificio;
- redigere il conto della gestione alla fine di ogni anno;
- aprire e gestire il conto corrente bancario intestato esclusivamente al condominio – questa è una novità importante della nuova legge, fatta affinché sia possibile, da parte del condomino, al momento del rendiconto, individuare eventuale *mala gestio* dell'amministratore.

Atti e compensi

Gli atti compiuti dall'amministratore nell'ambito dei suoi poteri sono obbligatori.
Invece, a proposito del compenso, di solito l'amministratore lo percepisce per prestare il suo ufficio. L'importo viene stabilito con la stessa delibera assembleare con la quale egli viene nominato. L'amministratore ha in ogni caso diritto all'integrale rimborso delle spese eventualmente sostenute per conto di condomini inadempienti o negligenti.

Attivazione del sito web condominiale

COSA DICE LA LEGGE

ART. 71-ter • DISPOSIZIONI ATTUATIVE DEL CODICE CIVILE

Su richiesta dell'assemblea, che delibera con la maggioranza di cui al secondo comma dell'articolo 1136 del codice, l'amministratore è tenuto ad attivare un sito internet del condominio che consenta agli aventi diritto di consultare ed estrarre copia in formato digitale dei documenti previsti dalla delibera assembleare. Le spese per l'attivazione e la gestione del sito internet sono poste a carico dei condomini.

[Articolo inserito dall'art. 25 della legge 220/2012]

NOVITÀ Anche Internet entra nella gestione del condominio.

L'amministratore, su richiesta dell'assemblea, deve attivare per il condominio un sito web ad accesso individuale e protetto così che tutti i condomini possano consultare in qualsiasi momento tutti gli elaborati riguardanti il condominio ed esportare i dati contabili e i verbali.
Viene inoltre affermato che le spese di attivazione e la gestione di tale sito sono a carico del condomino.

Rendiconto condominiale

COSA DICE LA LEGGE

ART. 1130-bis • CODICE CIVILE • RENDICONTO CONDOMINIALE

Il rendiconto condominiale contiene le voci di entrata e di uscita ed ogni altro dato inerente alla situazione patrimoniale del condominio, ai fondi disponibili ed alle eventuali riserve, che devono essere espressi in modo da consentire l'immediata verifica. Si compone di un registro di contabilità, di un riepilogo finanziario, nonché di una nota sintetica esplicativa della gestione con l'indicazione anche dei rapporti in corso e delle questioni pendenti. L'assemblea condominiale può, in qualsiasi momento o per più annualità specificamente identificate, nominare un revisore che verifichi la contabilità del condominio. La deliberazione è assunta con la maggioranza prevista per la nomina dell'amministratore e la relativa spesa è ripartita fra tutti i condomini sulla base dei millesimi di proprietà. I condomini e i titolari di diritti reali o di godimento sulle unità immobiliari possono prendere visione dei documenti giustificativi di spesa in ogni tempo ed estrarne copia a proprie spese. Le scritture e i documenti giustificativi devono essere conservati per dieci anni dalla data della relativa registrazione.
L'assemblea può anche nominare, oltre all'amministratore, un consiglio di condominio composto da almeno tre condomini negli edifici di almeno dodici unità immobiliari.
Il consiglio ha funzioni consultive e di controllo.

[Articolo inserito dall'art. 11 della legge 220/2012]

NOVITÀ

Allo scadere dell'anno, l'amministratore deve presentare il rendiconto della sua gestione, contenente tutti i dati economici e patrimoniali inerenti il condominio, che verrà esaminato e approvato dall'assemblea.

Redazione del rendiconto

L'amministratore deve compilare il rendiconto in modo chiaro e comprensibile, indicando tutte le spese sostenute per l'amministrazione delle parti comuni, suddividendole in categorie e ripartendole tra i condomini in proporzione alle rispettive quote.
Il rendiconto consuntivo deve essere presentato anche in forma analitica e riportare per ogni singola voce di spesa le seguenti informazioni:

- dati anagrafici del fornitore;
- dati fiscali;
- tipo di documento e numero;
- data di pagamento;
- importo pagato;
- tipo di fornitura e/o intervento;
- estratto conto corrente bancario dell'intero esercizio riguardante il condominio.

Per chiarire meglio in modo analitico e pratico tutto il contenuto dei precedenti articoli riportiamo un facsimile di un rendiconto.
È obbligatorio da parte dell'amministratore allegare l'estratto conto bancario dell'intero esercizio di gestione del condominio.

ESEMPIO DI... RENDICONTO SPESE CONDOMINIALI

RENDICONTO SPESE CONDOMINIALI
DEL CONDOMINIO "AURORA"

Condominio ....

via .... n. ....

città ....

RENDICONTO GESTIONE ANNUALE ESERCIZIO

dal .... al ....

Totale entrate esercizio	€
Totale uscite esercizio	€
Saldo esercizio precedente	+/- €
Saldo esercizio a debito o credito dei condomini	€

RENDICONTO GESTIONE ANNUALE (elenco spese)

dal .... al ....

ENTRATE	
Versamenti dei condomini durante l'esercizio	€
Rendite, interessi bancari attivi	€
Sopravvenienze attive	€
Rimborsi assicurazione	€
Proventi di natura immobiliare	€
Rimanenze finali di oli combustibili	€
TOTALE ENTRATE	€
USCITE	
Spese per prestazioni di servizi	€
Imposte e tasse	€
Interessi bancari passivi	€
Interessi passivi su altri debiti	€
Spese comuni generali e assicurazione	€
Spese di amministrazione assemblee, postali, cancelleria	€
Compenso amministratore	€
Riscaldamento centrale	€
Acqua calda centralizzata	€
Acqua potabile	€
Ascensore	€
Scale	€
Portierato	€
Pulizie	€
Elettricità	€
Riparazioni e manutenzioni	€
Spese per l'acquisto di beni strumentali	€
Accantonamenti (fondi di liquidazione o previdenza; spese straordinarie future; oneri fiscali)	€
Sopravvenienze passive	€
Altre uscite	€
TOTALE USCITE	€

STATO PATRIMONIALE	
ATTIVITÀ	
PASSIVITÀ	
Banca (estratto conto dell'intero esercizio)	€
Debiti verso condomini per versamenti eccedenti	€
Cassa alla fine dell'esercizio	€
Debiti verso fornitori per fatture inserite e non pagate	€
Crediti verso condomini per saldi non ancora versati	€
Altri debiti	€
Altri crediti	€
Fondi di riserva	€
Scorte di oli combustibili	€
Fondo Tfr	€
Titoli	€
TOTALE ATTIVITÀ	€
TOTALE PASSIVITÀ	€

Firma (dell'amministratore)

....

Obbligo di registrazione dei dati del condominio

COSA DICE LA LEGGE

ART. 2659 • CODICE CIVILE • NOTA DI TRASCRIZIONE

Chi domanda la trascrizione di un atto tra vivi deve presentare al Conservatore dei Registri immobiliari, insieme con la copia del titolo, una nota in doppio originale, nella quale devono essere indicati:
(omissis)
Per i condominii devono essere indicati l'eventuale denominazione, l'ubicazione e il codice fiscale.
(omissis)

[Articolo così modificato dall'art. 17 della legge 220/2012]

L'articolo di legge in questione indica gli atti che l'amministratore deve trascrivere presso il conservatore dei registri immobiliari e precisamente:

- la denominazione;
- l'ubicazione;
- il nome dell'amministratore;
- il codice fiscale del condominio.

In altri termini, viene stabilito che l'amministratore deve presentare al conservatore dei registri immobiliari le note caratteristiche del condominio con tutti i dati necessari al fine di tutelare nei confronti dei terzi i diritti pertinenti dell'intero condominio.

ESEMPIO DI... DOMANDA DI TRASCRIZIONE

Condominio
Sempione 30

Al Conservatore dei registri
immobiliari di Milano

Il sottoscritto Rag. Giovanni Colombo in qualità di amministratore del condominio di Corso Sempione (Milano), fa rispettosa domanda di voler trascrivere ai sensi dell'art. 17 legge riforma del condominio e art. 2659 c.c. le note caratteristiche del condominio da me amministrato:

Nome: Sempione 30 (MI);

Ubicazione: Milano – Corso Sempione 30

C.F.: 9000012891

Nome Amministratore: Rag. Giovanni Colombo con studio in Milano, via Arona 10

Rappresentanza del condominio in tribunale

COSA DICE LA LEGGE

ART. 1131 • CODICE CIVILE • RAPPRESENTANZA

Nei limiti delle attribuzioni stabilite dall'articolo 1130 o dei maggiori poteri conferitigli dal regolamento di condominio o dall'assemblea, l'amministratore ha la rappresentanza dei partecipanti e può agire in giudizio sia contro i condomini sia contro i terzi.
Può essere convenuto in giudizio per qualunque azione concernente le parti comuni dell'edificio; a lui sono notificati i provvedimenti dell'autorità amministrativa che si riferiscono allo stesso oggetto.
Qualora la citazione o il provvedimento abbia un contenuto che esorbita dalle attribuzioni dell'amministratore, questi è tenuto a darne senza indugio notizia all'assemblea dei condomini.
L'amministratore che non adempie a quest'obbligo può essere revocato (att. 64) ed è tenuto al risarcimento dei danni.

[Articolo così modificato dall'art. 12 della legge 220/2012]

L'amministratore ha la rappresentanza del condominio giudizialmente o extragiudizialmente riguardo all'esecuzione delle delibere assembleari, all'osservanza del regolamento di condominio, alla gestione, conservazione e manutenzione delle cose e servizi comuni, alla disciplina del loro uso, e alla riscossione dei contributi.
Come rappresentante condominiale, l'amministratore può agire in giudizio pur non essendo una persona giuridica.

NOVITÀ

L'amministratore può agire o essere convenuto in giudizio, quale rappresentante del condominio, nelle azioni che riguardano in generale l'amministrazione delle parti comuni.

Come si evidenzia da questo articolo di legge, all'amministratore viene conferito il potere di rappresentanza giuridica del condominio sia per le controversie giudiziarie avanti al tribunale sia come componente di un collegio arbitrale rituale (provvedimento giudiziario) o irrituale (per accordo tra le parti).

Nomina di un curatore speciale

COSA DICE LA LEGGE

ART. 65 • DISPOSIZIONI ATTUATIVE DEL CODICE CIVILE

Quando per qualsiasi causa manca il legale rappresentante dei condomini, chi intende iniziare o proseguire una lite contro i partecipanti a un condominio può richiedere la nomina di un curatore speciale ai sensi dell'art. 80 del codice di procedura civile. Il curatore speciale deve senza indugio convocare l'assemblea dei condomini per avere istruzioni sulla condotta della lite.

È questo il caso in cui, per una qualsiasi ragione, manca l'amministratore o perché lo stesso non è ancora stato nominato o perché quello in carica è stato revocato.
Questo articolo è rimasto invariato in quanto il condominio senza l'amministratore è come una persona priva di capacità giuridica. Molti condominii infatti, specialmente nelle periferie degradate, sono molto problematici (si pensi, per esempio, a casi di occupazione abusiva dell'edificio, o di fabbricati sequestrati dall'autorità giudiziaria) così da non rendere possibile ai proprietari di nominare un amministratore. In questi casi la legge prevede che chi ha un interesse (un condomino o anche un creditore del condominio) deve fare istanza al presidente del tribunale competente affinché nomini un curatore speciale che viene scelto dallo stesso magistrato tra gli iscritti all'albo dei ragionieri commercialisti, così come è previsto dall'art. 80 del codice di procedura civile. In alcuni casi, l'individuare un professionista che possa accettare il gravoso incarico di curatore speciale è la maggiore difficoltà dei tribunali.

Dissenso di un condomino a una lite giudiziaria

COSA DICE LA LEGGE

ART. 1132 • CODICE CIVILE • DISSENSO DEI CONDOMINI RISPETTO LE LITI

Qualora l'assemblea dei condomini abbia deliberato di promuovere una lite o di resistere a una domanda, il condomino dissenziente, con atto notificato all'amministratore, può separare la propria responsabilità in ordine alle conseguenze della lite per il caso di soccombenza. L'atto deve essere notificato entro trenta giorni (2964) da quello in cui il condomino ha avuto notizia della deliberazione.
Il condomino dissenziente ha diritto di rivalsa per ciò che abbia dovuto pagare alla parte vittoriosa.
Se l'esito della lite è stato favorevole al condominio, il condomino dissenziente che ne abbia tratto vantaggio è tenuto a concorrere nelle spese del giudizio che non sia stato possibile ripetere dalla parte soccombente.

L'articolo indica quali sono le azioni, i diritti e le conseguenze di chi, come condomino, dissente da quanto decide l'assemblea in caso di promozione di una lite giudiziaria.

Il buon senso in ogni condominio deve essere quello di evitare le controversie inopportune. Proprio per questo motivo – e per limitare la litigiosità sempre crescente – con questo articolo il legislatore ha dato la possibilità al condomino contrario alla delibera di istaurare un procedimento giudiziario, concedendogli l'esonero del pagamento delle relative spese giudiziarie, oltre a quelle del proprio legale.
Nel caso in cui il condominio soccomba, il condomino dissenziente non dovrà partecipare alla rifusione delle spese di giudizio in favore della controparte.

ESEMPIO DI... ATTO NOTIFICATO ALL'AMMINISTRATORE DAL CONDOMINO DISSENZIENTE

Luogo, ... data...................

Atto da notificare a mezzo ufficiale giudiziario (art. 137 c.p.c.)

All'Amministratore Condominiale
del Condominio Sempione 30
Rag. Giovanni Colombo

Premesso che

in data .... l'assemblea condominiale in mia assenza ha deliberato di adire al Tribunale di Milano mediante incarico ad un legale, al fine di citare avanti al Tribunale il condominio adiacente al nostro (condominio Ausonio) per motivi pretestuosi e inutili, in quanto in caso di vittoria da parte del nostro condominio avremo la situazione identica a quella attualmente esistente, con la sola soddisfazione d'aver fatto chiudere al nostro confinante una finestra che guarda nel nostro cortile, dovendo però sostenere il pagamento della parcella del nostro avvocato; se soccombiamo, ipotesi probabile, dato che esiste l'usucapione, oltre alle spese di giudizio nostre, avremo da pagare anche quelle dell'avversario.

Tutto ciò premesso

ai sensi dell'art. 1132 c.c. mi dichiaro dissenziente da tale iniziativa giudiziaria e vado a notificare a Lei tale mia decisione nei tempi e nei modi previsti dallo stesso articolo di legge.

Firma

Ricorso ai provvedimenti dell'amministratore

COSA DICE LA LEGGE

ART. 1133 • CODICE CIVILE • PROVVEDIMENTI PRESI DALL'AMMINISTRATORE

I provvedimenti presi dall'amministratore nell'ambito dei suoi poteri sono obbligatori per i condomini. Contro i provvedimenti dell'amministratore è ammesso ricorso all'assemblea, senza pregiudizio del ricorso all'autorità giudiziaria nei casi e nel termine previsti dall'Articolo 1137.

L'articolo enuncia chi dovrà fare ricorso all'assemblea contro i provvedimenti presi dall'amministratore nell'ambito dei suoi poteri (come le sanzioni inflitte per le infrazioni al regolamento del condominio).

LA LEGGE IN PRATICA

L'amministratore deve vigilare sull'osservanza del regolamento condominiale

L'amministratore, in base ai poteri conferitigli, deve controllare che nel condominio vi sia la completa osservanza del regolamento condominiale, così come del resto dovrà intervenire qualora un condomino lasci l'autovettura nel cortile ostruendo così la viabilità, oppure dovrà togliere vasi e tutti gli altri oggetti abusivi dai pianerottoli e dagli androni della portineria. Oltre a tali interventi, sempre esercitando i suoi poteri, dovrà applicare delle sanzioni per tutte le infrazioni che va a riscontrare.

PARTE TERZA

L'assemblea

L'assemblea di condominio è l'organo deliberante in materia di gestione ordinaria delle parti comuni e di manutenzione straordinaria, nonché di nomina e revoca dell'amministratore. Si comprende così la sua importanza nella vita condominiale.
Ed è per questo che la legge 220/2012 tratta con attenzione il tema, a partire dallo stabilire quali siano le attribuzioni dell'assemblea condominiale, e dando maggiore spazio a esse.
Tutti gli aspetti riguardanti quest'organo vengono focalizzati e regolati a partire dalla costituzione dell'assemblea alla convocazione dei condomini, compresi la riunione, le delibere e la delega.
Proprio su quest'ultimo tema, la nuova legge regola in modo puntuale come ci si deve comportare per fare la delega, in quali casi è possibile farla e chi la può presentare.

Attribuzioni dell'assemblea condominiale

COSA DICE LA LEGGE

ART. 1135 • ATTRIBUZIONI DELL'ASSEMBLEA DEI CONDOMINI

Oltre a quanto è stabilito dagli articoli precedenti, l'assemblea dei condomini provvede:
1) alla conferma dell'amministratore e all'eventuale sua retribuzione;
2) all'approvazione del preventivo delle spese occorrenti durante l'anno e alla relativa ripartizione tra i condomini;
3) all'approvazione del rendiconto annuale dell'amministratore e all'impiego del residuo attivo della gestione;
4) alle opere di manutenzione straordinaria e alle innovazioni, costituendo obbligatoriamente un fondo speciale di importo pari all'ammontare dei lavori; se i lavori devono essere eseguiti in base a un contratto che ne prevede il pagamento graduale in funzione del loro progressivo stato di avanzamento, il fondo può essere costituito in relazione ai singoli pagamenti dovuti.
L'amministratore non può ordinare lavori di manutenzione straordinaria, salvo che rivestano carattere urgente, ma in questo caso deve riferirne nella prima assemblea.
L'assemblea può autorizzare l'amministratore a partecipare e collaborare a progetti, programmi e iniziative territoriali promossi dalle istituzioni locali o da soggetti privati qualificati, anche mediante opere di risanamento di parti comuni degli immobili nonché di demolizione, ricostruzione e messa in sicurezza statica, al fine di favorire il recupero del patrimonio edilizio esistente, la vivibilità urbana, la sicurezza e la sostenibilità ambientale della zona in cui il condominio è ubicato.

[Articolo così modificato dall'art. 13 della legge 220/2012]

NOVITÀ Viene dato maggiore spazio alle attribuzioni dell'assemblea.

È bene chiarire quali siano le attribuzioni dell'assemblea condominiale. L'assemblea è l'organo decisionale del condominio che ha il potere di prendere tutte le decisioni in merito alla vita del condominio e dei suoi partecipanti (si dice sempre l'assemblea è sovrana).
Mediante l'adozione di delibere a maggioranza, essa ha il potere di vincolare la minoranza dissenziente e garantire sia la gestione ottimale delle cose comuni sia la tutela del diritto di ciascun condomino.

Assemblea ordinaria e straordinaria

La prima assemblea convocata nel periodo della gestione annuale viene detta ordinaria e può trattare qualsiasi argomento, di ordinaria o straordinaria amministrazione.
Tutte le altre assemblee sono dette straordinarie e anch'esse possono trattare argomenti di ordinaria o straordinaria amministrazione.

Poteri e vincoli

L'assemblea condominiale ha i seguenti poteri:

- nomina e conferma l'amministratore, determina il suo compenso, controlla il suo operato;
- approva il preventivo delle spese occorrenti durante l'anno e la relativa ripartizione tra i condomini;
- approva il rendiconto annuale dell'amministratore e determina l'impiego del residuo attivo della gestione;
- decide le opere di manutenzione straordinaria, costituendo, se occorre, un fondo speciale;
- delibera le liti da instaurare a tutela delle parti comuni;
- delibera le innovazioni alle parti comuni;
- delibera di stipulare polizze assicurative e di far avviare il sito web per il condominio.

Cosa non può fare l'assemblea

L'assemblea è sovrana ma non può:

- adottare delibere in violazione delle leggi;
- deliberare modifiche al regolamento o innovazioni che siano lesive

dei diritti dei singoli condomini;

- deliberare su argomenti che non siano iscritti all'ordine del giorno, a meno che non vi sia la presenza di tutti i condomini.

Strumenti dell'assemblea

Le delibere prese in conformità alla legge e adottate con le maggioranze previste dal codice civile sono vincolanti per tutti i condomini, compresi gli assenti, gli astenuti e i dissenzienti.
L'assemblea esercita il suo potere mediante l'approvazione del bilancio preventivo e del rendiconto consuntivo annuale.

BILANCIO PREVENTIVO

Il bilancio preventivo, che di solito viene presentato dall'amministratore all'inizio del nuovo esercizio annuale, indica l'ammontare delle spese condominiali che presumibilmente verranno sostenute nel medesimo esercizio. L'amministratore presenta anche un piano di riparto del preventivo, frazionandolo tra i condomini in rate periodiche (normalmente tre, una ogni quadrimestre).

RENDICONTO CONSUNTIVO ANNUALE

Il rendiconto consuntivo annuale, invece, viene presentato alla fine dell'esercizio a cui si riferisce e indica le spese effettivamente sostenute nel corso di tale esercizio. Con l'approvazione del rendiconto, l'assemblea valuta la congruità dell'importo delle spese sostenute, nonché la legittimità dei criteri di riparto.
L'approvazione del preventivo e del consuntivo legittima l'amministratore alla riscossione delle spese condominiali; nei confronti dei condomini insolventi, invece dà corso al procedimento giudiziario con ricorso per ingiunzione e con le modalità indicate nella nuova legge.
Infatti, è segnalato chiaramente (nell'articolo 1129) che l'amministratore è tenuto ad agire per la riscossione forzosa delle somme dovute dagli obbligati entro sei mesi dalla chiusura dell'esercizio nel quale il credito esigibile è compreso.

Costituzione dell'assemblea

COSA DICE LA LEGGE

ART. 1136 • CODICE CIVILE • COSTITUZIONE DELL'ASSEMBLEA E VALIDITÀ DELLE DELIBERAZIONI

L'assemblea in prima convocazione è regolarmente costituita con l'intervento di tanti condomini che rappresentino i due terzi del valore dell'intero edificio e la maggioranza dei partecipanti al condominio.
Sono valide le deliberazioni approvate con un numero di voti che rappresenti la maggioranza degli intervenuti e almeno la metà del valore dell'edificio.
Se l'assemblea in prima convocazione non può deliberare per mancanza di numero legale, l'assemblea in seconda convocazione delibera in un giorno successivo a quello della prima e, in ogni caso, non oltre dieci giorni dalla medesima. L'assemblea in seconda convocazione è regolarmente costituita con l'intervento di tanti condomini che rappresentino almeno un terzo del valore dell'interoedificio e un terzo dei partecipanti al condominio. La deliberazione è valida se approvata dalla maggioranza degli intervenuti con un numero di voti che rappresenti almeno un terzo del valore dell'edificio.
Le deliberazioni che concernono la nomina e la revoca dell'amministratore o le liti attive e passive relative a materie che esorbitano dalle attribuzioni dell'amministratore medesimo, le deliberazioni che concernono la ricostruzione dell'edificio o riparazioni straordinarie di notevole entità e le deliberazioni di cui agli articoli 1117-quater, 1120, secondo comma, 1122-ter nonché 1135, terzo comma, devono essere sempre approvate con la maggioranza stabilita dal secondo comma del presente articolo (e precisamente maggioranza degli intervenuti e almeno un terzo del valore dell'edificio).
Le deliberazioni di cui all'articolo 1120, primo comma, e all'articolo 1122-bis, terzo comma, devono essere approvate dall'assemblea con un numero

di voti che rappresenti la maggioranza degli intervenuti ed almeno i due terzi del valore dell'edificio. L'assemblea non può deliberare, se non consta che tutti gli aventi diritto sono stati regolarmente convocati.
Delle riunioni dell'assemblea si redige processo verbale da trascrivere nel registro tenuto dall'amministratore.

[Articolo così modificato dall'art. 14 della legge 220/2012]

Questo articolo stabilisce con chiarezza le modalità e la validità sia delle assemblee che delle delibere, indicandone le maggioranze necessarie affinché le delibere assembleari siano regolari.
Precisiamo, a questo punto, l'iter necessario per la svolgimento dell'assemblea la cui convocazione deve avere i seguenti requisiti.

Convocazione dei condomini

L'assemblea condominiale non può deliberare se non vi è stata la convocazione di tutti i partecipanti al condominio. La convocazione dei condomini rientra tra i doveri dell'amministratore.
Non vi sono particolari formalità da osservare nella redazione dell'avviso di convocazione, il quale però deve contenere almeno i seguenti elementi:

- il giorno, l'ora e il luogo in cui si terrà l'assemblea;
- gli argomenti dell'ordine del giorno, cioè le questioni che verranno trattate in assemblea.

L'avviso deve essere comunicato ai condomini almeno 5 giorni prima della data fissata per l'assemblea con lettera raccomandata, con notifica a mezzo ufficiale giudiziario, e anche a mezzo fax o posta elettronica certificata.

Obbligo di convocazione

L'amministratore deve provvedere alla convocazione dell'assemblea ordinaria almeno una volta all'anno per l'approvazione del preventivo e del rendiconto della gestione.

L'amministratore può poi convocare un'assemblea straordinaria ogni volta che lo ritenga necessario.

ESEMPIO DI... AVVISO DI CONVOCAZIONE DI ASSEMBLEA

A mezzo di lettera raccomandata con ricevuta di ritorno, oppure con fax o e-mail.

Condominio dell'edificio ....

In ....

AVVISO DI CONVOCAZIONE DI ASSEMBLEA

Si comunica a tutti i condomini, usufruttuari e ai nudi proprietari, che per il giorno .... alle ore .... l'assemblea del condominio di via .... n. .... viene convocata in prima convocazione presso i locali .... e, in caso di non raggiungimento del quorum, in seconda convocazione per il giorno .... alle ore .... presso i medesimi locali per deliberare sul seguente ordine del giorno:

1) nomina o riconferma dell'amministratore;
2) approvazione del bilancio consuntivo gestione .... e relativo riparto;
3) approvazione del bilancio preventivo gestione .... e relativo riparto;
4) interventi manutenzione straordinaria (rifacimento facciata);
5) adeguamento dell'impianto di riscaldamento;
6) varie ed eventuali.

Si pregano tutti i condomini di partecipare personalmente alla medesima e di delegare aventi diritto.

Si allega copia del rendiconto e della relativa ripartizione, facendo presente ai signori condomini che i documenti giustificativi del rendiconto sono a loro disposizione presso lo studio dell'amministratore a partire dal 5° giorno precedente a quello in cui si terrà l'assemblea.

Si rammenta a tutti i condomini che hanno concesso in locazione l'appartamento di loro proprietà che ai sensi dell'art. 10, legge 392/1978, dovranno convocare in assemblea per quanto attiene la gestione e le modalità di pagamento del servizio di riscaldamento centralizzato il proprio conduttore.

Cordiali saluti

____

L'amministratore

Infine, deve provvedere alla convocazione dell'assemblea straordinaria quando lo richiedano almeno due condomini che rappresentino un sesto del valore dell'edificio; in alcuni casi anche su richiesta di un solo condomino.
Una volta trascorsi 10 giorni dalla richiesta di convocazione senza che l'amministratore vi abbia provveduto, l'assemblea può essere convocata direttamente dai condomini richiedenti.

Mancata comunicazione della convocazione

Se l'avviso di convocazione non viene comunicato anche a uno solo dei condomini ne consegue la nullità assoluta e radicale della delibera adottata dall'assemblea (vedremo successivamente come può essere fatta valere la nullità delle delibere).

Seconda convocazione

Il nostro codice stabilisce che, nel caso in cui l'assemblea non possa deliberare per il giorno fissato per mancanza del quorum costitutivo, l'assemblea in seconda convocazione deve riunirsi non prima del giorno successivo e non oltre 10 giorni da quello della prima convocazione. Entrambe le date vengono indicate nell'avviso di prima convocazione.

La riunione di assemblea

Riunita l'assemblea, per prima cosa si deve provvedere al controllo della rituale convocazione di tutti i condomini. Abbiamo visto, infatti, che la mancata convocazione anche di un solo condomino comporta la nullità assoluta e radicale delle delibere adottate.
L'assemblea, quindi, provvede preliminarmente alla nomina tra i presenti del presidente e del segretario.

IL PRESIDENTE

Ha il compito di: condurre l'assemblea; verificare tutte le ricevute degli inviti, la validità delle eventuali deleghe e la presenza del numero legale; coordinare la discussione dell'ordine del giorno.

IL SEGRETARIO

Provvede alla redazione del verbale dell'assemblea che va trascritto nel registro tenuto dall'amministratore.

IL VERBALE

In questo documento deve essere riportato tutto ciò che viene deliberato nel corso dell'assemblea.
Firmato dal presidente e dal segretario, deve essere inviato a tutti i condomini assenti. Vedremo, infatti, che per i condomini assenti il termine di impugnazione delle delibere assembleari decorre dalla data di ricezione della copia del verbale. In genere, comunque, l'amministratore ne invia una copia a tutti i condomini.

Duplice quorum

Perché l'assemblea possa deliberare validamente, il nostro codice civile prevede un duplice quorum:
- il quorum costitutivo, corrispondente al numero minimo dei condomini che devono presenziare all'adunanza;
- il quorum deliberativo, corrispondente al numero minimo dei presenti che devono concorrere a formare la volontà dell'assemblea.

DOMANDE & RISPOSTE

Il nostro amministratore dopo 6 mesi dalla chiusura della gestione condominiale non ha ancora convocato l'assemblea per il rendiconto. Che può fare il condomino?

Proprio la nuova legge 220/2012 all'art. 9 (art.1129 del codice civile) segnala: «Nei casi in cui siano emerse gravi irregolarità (...) i condomini, anche singolarmente, possono chiedere la convocazione dell'assemblea per far cessare la violazione e revocare il mandato all'amministratore». Tra le gravi irregolarità c'è proprio l'omessa convocazione dell'assemblea per l'approvazione del rendiconto condominiale.

Delibere assembleari

COSA DICE LA LEGGE

ART. 1137 • IMPUGNAZIONE DELLE DELIBERAZIONI DELL'ASSEMBLEA

Le deliberazioni prese dall'assemblea a norma degli articoli precedenti sono obbligatorie per tutti i condomini.
Contro le deliberazioni contrarie alla legge o al regolamento di condominio ogni condomino assente, dissenziente o astenuto può adire all'autorità giudiziaria chiedendone l'annullamento nel termine perentorio di trenta giorni, che decorre dalla data della deliberazione per i dissenzienti o astenuti e dalla data di comunicazione della deliberazione per gli assenti.
L'azione di annullamento non sospende l'esecuzione della deliberazione, salvo che la sospensione sia ordinata dall'autorità giudiziaria.
L'istanza per ottenere la sospensione proposta prima dell'inizio della causa di merito non sospende né interrompe il termine per la proposizione dell'impugnazione della deliberazione.
Per quanto non espressamente previsto, la sospensione è disciplinata dalle norme di cui al libro IV, titolo I, capo III, sezione I, con l'esclusione dell'articolo 669-octies, sesto comma, del codice di procedura civile.

[Articolo così modificato dall'art. 15 della legge 220/2012]

È opportuno sottolineare che le delibere dell'assemblea condominiale, se sono approvate con le maggioranze indicate (ossia con un numero di voti che rappresenti la maggioranza degli intervenuti e almeno la metà del valore dell'edificio.), sono obbligatorie per tutti i condomini, compresi:

- i condomini assenti;
- i condomini dissenzienti;
- coloro che sono divenuti condomini dopo la delibera.

Delibere revocate o modificate

Le delibere revocate o modificate dall'assemblea, mediante una delibera successiva, perdono la loro obbligatorietà. Per revocare o modificare una delibera occorre la maggioranza prevista per legge per l'adozione della stessa delibera.

Delibere annullabili

Sono annullabili le delibere dell'assemblea condominiale adottate violando leggi, convenzioni e regolamenti sul procedimento di formazione della volontà dell'assemblea. Inoltre sono annullabili le delibere:

- relative ad atti di ordinaria amministrazione che comportino un grave pregiudizio alle parti comuni;
- relative ad atti di straordinaria manutenzione che pregiudichino gli interessi anche di un solo condomino;
- che dispongono innovazioni che pregiudichino il godimento delle cose comuni anche di un solo condomino o comportino una spesa eccessiva e gravosa, anche se adottate con le maggioranze richieste per legge.

IMPUGNAZIONE DELLE DELIBERE ANNULLABILI

I condomini assenti o dissenzienti possono impugnare le delibere affette da annullabilità, presentando ricorso all'autorità giudiziaria entro il termine di 30 giorni. Il termine decorre per i presenti dissenzienti dalla data della delibera; per gli assenti dalla data di ricevimento della copia del verbale. Trascorso il termine, la delibera annullabile diventa vincolante per tutti i condomini.

CONVALIDA DELLE DELIBERE ANNULLABILI

L'assemblea può convalidare le delibere annullabili mediante una nuova delibera che indichi i motivi di annullabilità e mediante la dichiarazione di volontà della stessa assemblea di volere provvedere alla sua convalida. Quindi, nella nuova delibera, devono essere espressamente riportati i motivi di annullamento e la dichiarazione di volontà dell'assemblea di voler convalidare la delibera annullabile.

Delibere nulle

Sono nulle le delibere adottate dall'assemblea senza rispettare le norme sulla regolare costituzione ed espressione di voto da parte dei condomini.

Sono inoltre nulle le delibere:

- adottate senza le maggioranze richieste dalla legge;
- aventi un oggetto impossibile o illecito;
- lesive dei diritti dei condomini sulle parti comuni o sulle parti di proprietà esclusiva dei singoli.

Se si presentano le condizioni appena citate, ciascun condomino può agire in giudizio per far dichiarare la nullità delle delibere. Le dichiarazioni nulle possono essere impugnate in qualsiasi momento. Inoltre non possono essere né convalidate né modificate.

Assemblea nulla o annullabile

Vi sono dei casi in cui l'assemblea può essere dichiarata nulla o annullabile:

- quando non è stata notificata a qualche condomino l'avviso di convocazione;
- quando l'ordine del giorno è stato modificato totalmente;
- nel caso in cui non vi sono stati i cinque giorni d'intervallo tra la notifica della convocazione e l'assemblea.

Convocazione dell'assemblea straordinaria

COSA DICE LA LEGGE

ART. 66 • DISPOSIZIONI ATTUATIVE DEL CODICE CIVILE

(omissis)
L'avviso di convocazione, contenente specifica indicazione dell'ordine del giorno, deve essere comunicato almeno cinque giorni prima della data fissata per l'adunanza in prima convocazione, a mezzo di posta raccomandata, posta elettronica certificata, fax o tramite consegna a mano, e deve contenere l'indicazione del luogo e dell'ora della riunione. In caso di omessa, tardiva o incompleta convocazione degli aventi diritto, la deliberazione assembleare è annullabile ai sensi dell'articolo 1137 del codice su istanza dei dissenzienti o assenti perché non ritualmente convocati.
L'assemblea in seconda convocazione non può tenersi nel medesimo giorno solare della prima. L'amministratore ha facoltà di fissare più riunioni consecutive in modo da assicurare lo svolgimento dell'assemblea in termini brevi, convocando gli aventi diritto con un unico avviso nel quale sono indicate le ulteriori date ed ore di eventuale prosecuzione dell'assemblea validamente costituitasi.

[Articolo così modificato dall'art. 20 della legge 220/2012]

L'articolo stabilisce con precisione le modalità e i termini nei quali deve essere fissata l'assemblea. È opportuno rilevare che l'avviso di convocazione, contenente specifica indicazione dell'ordine del giorno, deve essere comunicato almeno cinque giorni prima della data fissata per l'adunanza in prima convocazione.
L'assemblea, oltretutto, non può essere convocata mai in prima e seconda convocazione nello stesso giorno; l'aspetto più importante è la possibilità di convocazione dell'assemblea (ordinaria o straordinaria) su iniziativa di due condomini che ne fanno richiesta all'amministratore e che rappresentino un sesto dei millesimi.

ESEMPIO DI... RICHIESTA DI CONVOCAZIONE DI ASSEMBLEA STRAORDINARIA FATTA DA DUE CONDOMINI

Luogo, ... data...................

I sottoscritti condomini del Condominio Aurora:
Giovanni Colombo
Luigi Rossi
Titolari il primo di mill. 72 e il secondo di mill. 108 per un totale di mill. 180, che rappresentano più di 1/6 del valore del condominio (così come previsto dall'art. 66 disp. att. del c.c.), convocano direttamente un'assemblea straordinaria in quanto la richiesta fatta all'amministratore di indire questa assemblea è rimasta inevasa.
L'ordine del giorno per questa assemblea è il seguente:

premesso che

le ultime copiose piogge del corrente mese hanno messo in pericolo di inondazione i box e le cantine del condominio Aurora sito in Padova

tutto ciò premesso

si fa richiesta di deliberare da parte dell'assemblea straordinaria che qui andiamo a convocare sul seguente ordine del giorno di "appaltare al miglior offerente i lavori di cui all'allegato che costituiscono praticamente l'unico mezzo di tutela al fine di salvaguardare dalle inondazioni il nostro condominio".
Il preventivo di tali opere è di € 35.000,00.
Siamo in attesa di ulteriori preventivi.
L'assemblea é convocata pertanto per il giorno .... alle ore 15 in prima convocazione e il giorno .... alle ore 18, seconda convocazione presso la sala del bar Sport situato nel nostro condominio.
Si notifica la presente a tutti i condomini e all'amministratore nei modi previsti all'art. 66 disp. att. c.c. sopra indicato.

Giovanni Colombo
Luigi Rossi

Delega per intervenire in assemblea

COSA DICE LA LEGGE

ART. 67 • DISPOSIZIONI ATTUATIVE CODICE CIVILE

Ogni condomino può intervenire all'assemblea anche a mezzo di rappresentante, munito di delega scritta. Se i condomini sono più di venti, il delegato non può rappresentare più di un quinto dei condomini e del valore proporzionale.
Qualora un'unità immobiliare appartenga in proprietà indivisa a più persone, queste hanno diritto a un solo rappresentante nell'assemblea, che è designato dai comproprietari interessati a norma dell'articolo 1106 del codice.
Nei casi di cui all'articolo 1117-bis del codice, quando i partecipanti sono complessivamente più di sessanta, ciascun condominio deve designare, con la maggioranza di cui all'articolo 1136, quinto comma, del codice, il proprio rappresentante all'assemblea per la gestione ordinaria delle parti comuni a più condominii e per la nomina dell'amministratore. In mancanza, ciascun partecipante può chiedere che l'autorità giudiziaria nomini il rappresentante del proprio condominio.
Qualora alcuni dei condominii interessati non abbiano nominato il proprio rappresentante, l'autorità giudiziaria provvede alla nomina su ricorso anche di uno solo dei rappresentanti già nominati, previa diffida a provvedervi entro un congruo termine. La diffida ed il ricorso all'autorità giudiziaria sono notificati al condominio cui si riferiscono in persona dell'amministratore o, in mancanza, a tutti i condomini.
Ogni limite o condizione al potere di rappresentanza si considera non apposto. Il rappresentante risponde con le regole del mandato e comunica tempestivamente all'amministratore di ciascun condominio l'ordine del giorno e le decisioni assunte dall'assemblea dei rappresentanti dei condominii.
L'amministratore riferisce in assemblea.

All'amministratore non possono essere conferite deleghe per la partecipazione a qualunque assemblea.
L'usufruttuario di un piano o porzione di piano dell'edificio esercita il diritto di voto negli affari che attengono all'ordinaria amministrazione e al semplice godimento delle cose e dei servizi comuni.
Nelle altre deliberazioni, il diritto di voto spetta ai proprietari, salvi i casi in cui l'usufruttuario intenda avvalersi del diritto di cui all'articolo 1006 del codice ovvero si tratti di lavori od opere ai sensi degli articoli 985 e 986 del codice. In tutti questi casi l'avviso di convocazione deve essere comunicato sia all'usufruttuario sia al nudo proprietario.
Il nudo proprietario e l'usufruttuario rispondono solidalmente per il pagamento dei contributi dovuti all'amministrazione condominiale.

[Articolo così modificato dall'art. 21 della legge 220/2012]

È opportuno ricordare che all'assemblea può partecipare l'inquilino (l'affittuario di un condomino) in quanto ne ha diritto secondo quanto stabilito dalla legge 392/1978.

COSA DICE LA LEGGE

ART. 10 • LEGGE 392/1978 • PARTECIPAZIONE DEL CONDUTTORE ALL'ASSEMBLEA DEI CONDOMINI

Il conduttore ha diritto di voto, in luogo del proprietario dell'appartamento locatogli, nelle delibere dell'assemblea condominiale relative alle spese e alla modalità di gestione dei servizi di riscaldamento e di condizionamento d'aria. Egli ha inoltre diritto di intervenire, senza diritto di voto, sulle delibere relative alla modificazione degli altri servizi comuni.
La disciplina di cui al primo comma si applica anche qualora si tratti di edificio non in condominio. In tale ipotesi i conduttori si riuniscono in apposita assemblea convocata dal proprietario dell'edificio o da almeno tre conduttori.
Si osservano, in quanto applicabili, le disposizioni del codice civile sull'assemblea dei condomini.

La delega deve essere sempre in forma scritta e non può essere mai conferita all'amministratore. In caso di oltre 20 condomini, viene posta una limitazione di delega; in caso di supercondominii, all'assemblea partecipa un delegato per edificio quando per ogni condominio autonomo ci siano oltre 60 partecipanti.

NOVITÀ

Quando si fa la delega

La delega è una prassi frequente nelle assemblee condominiali. Il condomino che non può o non intende partecipare personalmente all'assemblea può farsi rappresentare da una persona a cui viene data una delega scritta.

Il regolamento non può escludere la rappresentanza

La rappresentanza in assemblea non può essere assolutamente esclusa dal regolamento condominiale; l'eventuale clausola di tale regolamento che vietasse il conferimento della delega sarebbe irrimediabilmente nulla. Il regolamento condominiale, infatti, può solo prevedere un numero massimo di deleghe rilasciabili a un'unica persona (nel condominio con più di 20 condomini non si può dare deleghe che rappresentino un valore superiore a 1/5).

ESEMPIO DI... DELEGA PER ASSEMBLEA CONDOMINIALE

DELEGA PER ASSEMBLEA CONDOMINIALE
DEL CONDOMINIO SEMPIONE 30

Il sottoscritto condomino .... delega il signor .... a rappresentarlo all'assemblea indetta per il giorno .... con mandato di discutere e deliberare in sua rappresentanza su tutto quanto forma l'oggetto dell'ordine del giorno previsto, dando sin d'ora per rato e valido il suo operato.

....

firma

Come deve agire il rappresentante

Il rappresentante deve attenersi alle istruzioni ricevute con il conferimento della delega. In assemblea, quindi, potrà manifestare due volontà contrastanti in merito all'approvazione di una stessa delibera: l'una nella sua qualità di rappresentante, l'altra come diretto interessato, senza alcuna conseguenza in merito alla validità della delibera.

Designazione del rappresentante

Di solito l'amministratore invia la delega a tutti i condomini insieme all'avviso di convocazione di assemblea; il condomino, pertanto, dovrà limitarsi a compilarla con il proprio nominativo e con quello del rappresentante, sottoscriverla per essere consegnata al presidente dell'assemblea.

In particolare l'articolo 67 nella nuova formula indica tutte le modalità necessarie con le relative maggioranze necessarie per designare il proprio rappresentante nelle assemblee dei supercondominii. Altre modalità indicano a chi spetta il diritto di voto tra il proprietario o l'usufruttuario in caso di appartamento in usufrutto.

In tale caso l'avviso di convocazione deve essere comunicato sia all'usufruttuario che al nudo proprietario.

LA LEGGE IN PRATICA

Usufruttuario, nudo proprietario e partecipazione all'assemblea

La proprietà di un appartamento può essere gravata da usufrutto: in tal caso l'usufruttuario, che è colui che dispone dell'uso e del possesso dell'appartamento, ha diritto di partecipare all'assemblea con il voto solo sull'ordinaria amministrazione (quella che riguarda le spese); mentre invece chi ha la nuda proprietà dell'appartamento, potrà partecipare solo con diritto di voto riguardante le spese straordinarie, quando cioè l'assemblea delibera su determinati interventi che non riguardano la conduzione e la gestione del condominio, ma incidono invece esclusivamente sulla proprietà, come, per esempio, il rifacimento del tetto, la sistemazione delle fognature o del manto del cortile ecc.

PARTE QUARTA

Regolamento condominiale e millesimi

Il regolamento del condominio stabilisce le norme riguardanti l'uso delle cose comuni e la ripartizione delle spese, le norme per la tutela del decoro dell'edificio e quelle relative all'amministrazione.
Il regolamento condominiale ha una funzione rilevante nella vita condominiale, potendo perfino imporre limitazioni particolari alle facoltà riguardanti la proprietà esclusiva.
Tuttavia, la legge 220/2012 presenta una novità molto importante che pone dei limiti al regolamento a vantaggio della libertà individuale: quella di consentire ai condomini di possedere e detenere nell'appartamento di proprietà animali domestici, ritenendo illegale ogni limite specifico posto proprio dal regolamento condominiale.
Sempre in tema di novità, vanno segnalate le nuove procedure e maggioranze utili per ottenere la revisione delle tabelle millesimali, ossia le quote di proprietà nel condominio, espresso come rapporto fra il valore di ciascuna unità e il valore dell'intero edificio.

Regolamento di condominio

COSA DICE LA LEGGE

ART. 1138 • CODICE CIVILE • REGOLAMENTO DI CONDOMINIO

Quando in un edificio il numero dei condomini è superiore a dieci, deve essere formato un regolamento, il quale contenga le norme circa l'uso delle cose comuni e la ripartizione delle spese, secondo i diritti e gli obblighi spettanti a ciascun condomino, nonché le norme per la tutela del decoro dell'edificio e quelle relative all'amministrazione.
Ciascun condomino può prendere l'iniziativa per la formazione del regolamento di condominio o per la revisione di quello esistente.
Il regolamento deve essere approvato dall'assemblea con la maggioranza stabilita dal secondo comma dell'articolo 1136 ed allegato al registro indicato dal numero 7) dell'articolo 1130. Esso può essere impugnato a norma dell'articolo 1107.
Le norme del regolamento non possono in alcun modo menomare i diritti di ciascun condomino, quali risultano dagli atti di acquisto e dalle convenzioni, e in nessun caso possono derogare alle disposizioni degli artt. 1118 secondo comma, 1119, 1120, 1129, 1131, 1132, 1136 e 1137.
Le norme del regolamento non possono vietare di possedere o detenere animali domestici.

[Articolo così modificato dall'art. 16 della legge 220/2012]

Animali domestici in appartamento

NOVITÀ

L'articolo presenta una novità molto importante: quella di poter possedere e detenere nell'appartamento di proprietà animali domestici. Pertanto ogni limite posto dal regolamento condominiale a tale uso è con la presente legge ritenuto illegale.

La legge in questo caso non ha indicato quali sono gli animali domestici. La giurisprudenza speriamo indicherà con sentenze l'elenco: sicuramente cani e gatti, ma verranno considerati animali domestici anche oche, conigli, tacchini, galline?
Inoltre, va segnalato che il regolamento del condominio può essere approvato con la maggioranza dei partecipanti che rappresentino almeno la metà del valore.

CURIOSITÀ

Sempre più famiglie hanno un animale domestico

I proprietari di animali da compagnia sono oltre dieci milioni di famiglie, secondo l'ANMVI (Associazione Nazionale Medici Veterinari Italiani), indicando che le famiglie passate dal veterinario sono almeno 8,5 milioni (dati del 2010; fonte: ANMVI).
In un'indagine più recente promossa da Ales Market Research presso 2.000 famiglie degli alunni delle scuole primarie che hanno partecipato all'edizione 2012-13 della campagna educativa nazionale "A Scuola di PetCare" di Purina. Più della metà (il 55%) delle famiglie italiane con bambini in età scolare ha accolto in casa e vive con un animale da compagnia, con punte del 60% nel Nord-ovest e al Centro.
Il cane si conferma l'animale di gran lunga preferito: il 52% delle famiglie lo ha scelto come "pet"' ideale per condividere gli spazi domestici. Secondo classificato il gatto con il 33% delle preferenze, mentre al terzo posto nella scelta si colloca il pesce con il 24%; seguono, poi, gli uccellini e i roditori, che sono presenti rispettivamente nel 13% e 9% delle famiglie con un pet.
(Fonte: La Stampa)

Revisione del regolamento

COSA DICE LA LEGGE

ART. 155 • DISPOSIZIONI ATTUATIVE DEL CODICE CIVILE • REVISIONE DEL REGOLAMENTO

Le disposizioni concernenti la revisione dei regolamenti di condominio e la trascrizione di essi si applicano anche ai regolamenti formati prima del 28 ottobre 1941. Cessano di avere effetto le disposizioni dei regolamenti di condominio che siano contrari alle norme richiamate nell'ultimo comma dell'art. 1138 del codice civile e nell'art. 72 di queste disposizioni.

La regola indicata segnala che le norme contenute nei regolamenti condominiali contrarie alle leggi imposte dal codice civile devono essere ritenute prive di ogni effetto.
I regolamenti condominiali vengono normalmente predisposti dal costruttore del fabbricato e all'atto di vendita dell'appartamento costruito vengono allegati quale parte integrante del rogito.
I regolamenti condominiali non sono identici in quanto vengono predisposti generalmente in base alle caratteristiche del fabbricato: per esempio, alcuni di essi hanno molte aiuole, altri hanno campi da tennis e altri ancora piscine o zone di gioco per bambini.
La maggior parte però è costituita da un fabbricato di 6-7 piani ubicato su una strada pubblica e possiedono un striscia di pochi metri che con eufemismo viene definito "cortile".

LA LEGGE IN PRATICA

Cosa contiene un regolamento condominiale standard

Anche se i regolamenti condominiali variano da caso a caso, ci sono però alcune norme comuni (almeno nella maggioranza dei casi):
- *la portineria deve essere libera da cose e persone;*
- *il cortile non deve servire per deposito di attrezzi o autovetture;*
- *il passaggio pedonale e carrabile deve essere lasciato sempre libero, così come devono essere liberi i pianerottoli e le scale;*
- *vanno evitati con tutti i mezzi possibili lo sgocciolio e la perdita di foglie dai vasi posti sui terrazzi e sui balconi dei piani superiori.*

Sanzioni per infrazioni al regolamento

COSA DICE LA LEGGE

ART. 70 • DISPOSIZIONI ATTUATIVE DEL CODICE CIVILE

Per le infrazioni al regolamento di condominio può essere stabilito, a titolo di sanzione, il pagamento di una somma fino ad euro 200 e, in caso di recidiva, fino ad euro 800. La somma è devoluta al fondo di cui l'amministratore dispone per le spese ordinarie. L'irrogazione della sanzione è deliberata dall'assemblea con le maggioranze di cui al secondo comma dell'articolo 1136 del Codice.

[Articolo così modificato dall'art. 24 della legge 220/2012]

NOVITÀ

Le sanzioni vengono aumentate fino a 200 euro e fino a 800 euro in caso di recidiva.

Questo articolo stabilisce l'ammontare della sanzione nel suo limite massimo che può e deve applicare l'amministratore quando un condomino viola il regolamento o le leggi inerenti al codice civile sul condominio.

Contro tale sanzione il condomino può ricorrere in giudizio oppure in assemblea.

LA LEGGE IN PRATICA

Il parcheggio nella zona di passaggio

Una delle infrazioni più comuni è quella riguardante il parcheggio di autovetture, moto e biciclette nel cortile, nella zona in cui viene usato lo spazio come passaggio.

Valore dell'unità immobiliare in millesimi

COSA DICE LA LEGGE

ART. 68 • DISPOSIZIONI ATTUATIVE DEL CODICE CIVILE

Ove non precisato dal titolo ai sensi dell'articolo 1118, per gli effetti indicati dagli articoli 1123, 1124, 1126 e 1136 del codice, il valore proporzionale di ciascuna unità immobiliare è espresso in millesimi in apposita tabella allegata al regolamento di condominio. Nell'accertamento dei valori di cui al primo comma non si tiene conto del canone locatizio, dei miglioramenti e dello stato di manutenzione di ciascuna unità immobiliare.

[Articolo così modificato dall'art. 22 della legge 220/2012]

Per capire meglio il significato di quest'articolo è necessaria una premessa. Il regolamento di condominio, che contiene la tabella dei millesimi, precisa il valore della proprietà di ciascun condomino; tale valore viene espresso con una quota indicata in millesimi a prescindere dalle modifiche migliorative e dallo stato attuale dell'appartamento.
Per esempio, un appartamento di circa 100 mq di superficie in un fabbricato di 20 appartamenti che abbiano pressappoco la stessa metratura viene indicato nella tabella condominiale con una quota di 50 millesimi. Infatti 20 moltiplicato per 50 dà come risultato 1.000, che rappresenta appunto il totale dei millesimi.

Modifica della tabella millesimale

COSA DICE LA LEGGE

ART. 69 • DISPOSIZIONI ATTUATIVE DEL CODICE CIVILE

I valori proporzionali delle singole unità immobiliari espressi nella tabella millesimale di cui all'articolo 68 possono essere rettificati o modificati

all'unanimità. Tali valori possono essere rettificati o modificati, anche nell'interesse di un solo condomino, con la maggioranza prevista dall'articolo 1136, secondo comma, del codice, nei seguenti casi:
1) quando risulta che sono conseguenza di un errore;
2) quando, per le mutate condizioni di una parte dell'edificio, in conseguenza di sopraelevazione, di incremento di superfici o di incremento o diminuzione delle unità immobiliari, è alterato per più di un quinto il valore proporzionale dell'unità immobiliare anche di un solo condomino. In tal caso il relativo costo è sostenuto da chi ha dato luogo alla variazione.
Ai soli fini della revisione dei valori proporzionali espressi nella tabella millesimale allegata al regolamento di condominio ai sensi dell'articolo 68, può essere convenuto in giudizio unicamente il condominio in persona dell'amministratore. Questi è tenuto a darne senza indugio notizia all'assemblea dei condomini. L'amministratore che non adempie a quest'obbligo può essere revocato ed è tenuto al risarcimento degli eventuali danni.
Le norme di cui al presente articolo si applicano per la rettifica o la revisione delle tabelle per la ripartizione delle spese redatte in applicazione dei criteri legali o convenzionali.

[Articolo così modificato dall'art. 23 della legge 220/2012]

Le modifiche apportate all'articolo 69 sono di lieve entità. L'unica nota di rilievo è quella prevista in caso di cambiamento della tabella millesimale, modifica che deve essere approvata all'unanimità. L'articolo indica la procedura per la modifica, che è quella (ed è questa una novità) di citare in giudizio esclusivamente l'amministratore (vedi pagina seguente).

Adeguamento dei millesimi

La questione dei millesimi si ripresenta anche in un altro articolo di legge, il 155-bis – già citato nella prima parte del libro – in cui si indica con quale maggioranza si possono eseguire l'adeguamento necessario per gli impianti già esistenti prima dell'entrata in vigore di questa legge. Per conoscere, invece, se dopo alcune modifiche di costruzione vi sia stato un eventuale incremento di volumetria e di superficie e verificare se tale modifica supera il quinto del valore della tabella millesimale, l'amministratore deve dare incarico ad un perito affinché, nel caso positivo, dovrà adottare la revisione della tabella millesimale.

ESEMPIO DI... CHIAMATA IN CAUSA DELL'AMMINISTRATORE

Tribunale di Milano

Il sottoscritto Avv. Luigi Rossi di Milano, come da delega a margine del signor Giovanni Colombo, domiciliato presso il mio studio e le cui generalità sono qui indicate.

Cita in giudizio

Per il giorno .... ore di rito .... avanti il Tribunale di Milano l'amministratore del Condominio Sempione 30, Rag. Giovanni Colombo, invitando a costituirsi nei termini .... al fine di sentir pronunciare in via secondaria la seguente ordinanza:

ingiungere al Condominio Sempione 30 in persona del suo amministratore di dare incarico ad un perito per la revisione dei millesimi in quanto dalle documentazioni indicate risulta che nel condominio vi sia stato, in conseguenza di una sopraelevazione, sul lastrico solare con un incremento della superficie, così da alterare per più di un quinto la tabella millesimale.

Si riserva di indicarne prove in caso di diniego delle indicazioni fornite e si conclude chiedendo:

in via principale

emettere sentenza di condanna del Condominio con aggravio di spese per l'inattività manifestata nel non dar corso alla procedura prevista dall'art. 69 disp.att. c.c. con eventuale revoca dell'Amministratore.

PARTE QUINTA

Le controversie condominiali

La vita condominiale non è priva di problemi. Tutt'altro, se oltre un quinto delle cause civili in Italia nel 2011 ha riguardato proprio le liti condominiali, come testimonia il dato Cescond (Centro studi nazionale di diritto condominiale e immobiliare).

La legge 220/2012 si occupa anche di disciplinare tali controversie: stabilisce l'aumento delle sanzioni per infrazioni al regolamento e prevede l'obbligatorietà di anteporre la domanda di mediazione al normale iter giudiziale (citazione) avanti l'autorità giudiziaria competente.

Un altro aspetto spesso critico è legato alla riscossione delle spese, in particolare da parte dei condomini morosi. Nei loro confronti, la legge offre uno strumento importante all'amministratore: la possibilità di ottenere un decreto d'ingiunzione immediatamente esecutivo.

Altro elemento innovativo è rappresentato dal fatto che i creditori del condominio non possono agire nei confronti dei condomini in regola con i pagamenti delle spese se non dopo aver ottenuto quanto dovuto dai condomini morosi.

Domanda di mediazione nelle controversie condominiali

COSA DICE LA LEGGE

ART. 71-quater • DISPOSIZIONI ATTUATIVE DEL CODICE CIVILE

Per controversie in materia di condominio, ai sensi dell'articolo 5, comma 1, del decreto legislativo 4 marzo 2010, n. 28, si intendono quelle derivanti dalla violazione o dall'errata applicazione delle disposizioni del libro III, titolo VII, capo II, del codice e degli articoli da 61 a 72 delle presenti disposizioni per l'attuazione del codice.

La domanda di mediazione deve essere presentata, a pena di inammissibilità, presso un organismo di mediazione ubicato nella circoscrizione del tribunale nella quale il condominio è situato.

Al procedimento è legittimato a partecipare l'amministratore, previa delibera assembleare da assumere con la maggioranza di cui all'articolo 1136, secondo comma, del codice.

Se i termini di comparizione davanti al mediatore non consentono di assumere la delibera di cui al terzo comma, il mediatore dispone, su istanza del condominio, idonea proroga della prima comparizione.

La proposta di mediazione deve essere approvata dall'assemblea con la maggioranza di cui all'articolo 1136, secondo comma, del codice. Se non si raggiunge la predetta maggioranza, la proposta si deve intendere non accettata.

Il mediatore fissa il termine per la proposta di conciliazione di cui all'articolo 11 del decreto legislativo 4 marzo 2010, n. 28, tenendo conto della necessità per l'amministratore di munirsi della delibera assembleare.

[Articolo inserito dall'art. 25 della legge 220/2012]

NOVITÀ L'articolo in questione apporta una novità importante nelle questioni condominiali, disciplinando il rito della mediazione-conciliazione.

Un aspetto trattato da tale articolo è quello che riguarda le controversie specificando che per tutte, comprese quelle in materia di condominio, vi é l'obbligatorietà di anteporre la domanda di mediazione al normale iter giudiziale (citazione) avanti l'autorità giudiziaria competente. Infatti, nel nostro ordinamento è stato introdotto l'istituto della mediazione civile e commerciale per non aggravare il sistema giudiziario e per introdurre forme più veloci e semplici di risoluzione delle controversie.

Definizione e forme di mediazione

Per legge, la mediazione viene definita come «L'attività, comunque denominata, svolta da un terzo imparziale e finalizzata ad assistere due o più soggetti sia nella ricerca di un accordo amichevole per la composizione di una controversia, sia nella formulazione di una proposta per la risoluzione delle stessa».

Vi sono due forme di mediazione:

- la conciliazione compositiva;
- la mediazione propositiva.

CONCILIAZIONE COMPOSITIVA

Si concretizza in un accordo amichevole tra le parti che ha valore vincolante e che può riguardare anche aspetti della controversia estranei all'iniziale domanda di mediazione.

MEDIAZIONE PROPOSITIVA

Si concretizza in una proposta del mediatore per la risoluzione della controversia. In questo caso, il mediatore, pur non potendo adottare decisioni vincolanti per le parti, quando la mediazione fallisce, può formulare una proposta per la definizione della vertenza. Inoltre, in qualsiasi momento, il mediatore può formulare una proposta su richiesta concorde delle parti.

Il ruolo del mediatore

Il mediatore, quindi, non svolge la funzione di giudice ma si pone tra le parti per far emergere diritti ed interessi, nonché le reali ragioni del

conflitto, per riaprire il dialogo e recuperare i rapporti, in modo da trovare un punto di equilibrio che consenta alle parti di raggiungere un accordo che soddisfi i reciproci bisogni ed interessi.
Sempre per legge è previsto che «Chiunque non è più obbligato ad accedere alla mediazione per la conciliazione di una controversia civile e commerciale vertente su diritti del condominio».

Il ruolo di amministratore e assemblea nella mediazione

Nel procedimento di mediazione l'amministratore è legittimato a partecipare previa delibera assembleare da assumere con la maggioranza prevista per legge (di cui all'articolo 1136, secondo comma, del codice).
Se i termini di comparizione davanti al mediatore non consentono di assumere la suddetta delibera, il mediatore dispone, su istanza del condominio, un rinvio in modo da consentire all'amministratore di ottenere l'autorizzazione dell'assemblea a partecipare al procedimento.
Nel caso in cui non si raggiunga un accordo, ma il mediatore formuli una proposta, l'amministratore ne riferisce all'assemblea e, se questa non l'approva con la maggioranza sopra specificata, la stessa si deve intendere non accettata.
Nella successiva riunione, che il mediatore fisserà tenendo conto della necessità per l'amministratore di munirsi della delibera assembleare, si darà poi atto della decisione dell'assemblea, redigendo un verbale negativo o di conciliazione a seconda di quello che il condominio avrà deliberato.

Prededucibilità dei crediti condominiali

COSA DICE LA LEGGE

ART. 30 • LEGGE 220/2012

I contributi per le spese di manutenzione ordinaria e straordinaria nonché per le innovazioni sono prededucibili ai sensi dell'articolo 111 del regio decreto 16 marzo 1942, n. 267, e successive modificazioni, se divenute esigibili ai sensi dell'articolo 63, primo comma, delle disposizioni per l'attuazione del codice civile e disposizioni transitorie, come sostituito dall'articolo 18 della presente legge, durante le procedure concorsuali.

REGIO DECRETO 16 MARZO 1942, n. 267 • DISCIPLINA DEL FALLIMENTO, DEL CONCORDATO PREVENTIVO, DELL'AMMINISTRAZIONE CONTROLLATA E DELLA LIQUIDAZIONE COATTA AMMINISTRATIVA
ART. 111 • ORDINE DI DISTRIBUZIONE DELLE SOMME

Le somme ricavate dalla liquidazione dell'attivo sono erogate nel seguente ordine:
1) per il pagamento dei crediti prededucibili;
2) per il pagamento dei crediti ammessi con prelazione sulle cose vendute secondo l'ordine assegnato dalla legge;
3) per il pagamento dei creditori chirografari, in proporzione dell'ammontare del credito per cui ciascuno di essi fu ammesso, compresi i creditori indicati al n. 2, qualora non sia stata ancora realizzata la garanzia, ovvero per la parte per cui rimasero non soddisfatti da questa.
Sono considerati crediti prededucibili quelli così qualificati da una specifica disposizione di legge, e quelli sorti in occasione o in funzione delle procedure concorsuali di cui alla presente legge; tali crediti sono soddisfatti con preferenza ai sensi del primo comma n.1.

Questo articolo pone fine alla situazione di incertezza che subiva il condominio nel dover riscuotere i propri crediti nei confronti di un condomino fallito; con tale avanzamento di grado di riscossione (prededucibilità) il condominio potrà riscuotere con maggior anticipo il proprio credito, che prima dell'entrata in vigore della nuova legge era solamente ritenuto privilegiato.

NOVITÀ ➲ Le sole spese di manutenzione ordinaria e straordinaria e quelle per le innovazioni che un condominio sostiene sono ripetibili e prededucibili in caso di procedura concorsuale (fallimento del condomino). Non solo: in questo caso, i crediti condominiali sono preferiti e anteposti ai crediti privilegiati e chirografari.

ESEMPIO DI... DOMANDA DI INSINUAZIONE AL PASSIVO

Al dottor Giovanni Rossi
Curatore del fallimento Verdi srl
Tribunale di Milano

Il sottoscritto Rag. Luigi Bianchi, amministratore del condominio Sempione 30 – Milano

Premesso che

1. La Verdi srl, è proprietaria dell'appartamento sito al secondo piano del condominio da me rappresentato e amministrato;
2. La Verdi srl é debitrice nei confronti dell'amministrazione del condominio Sempione 30 di € 7.505,00 per spese condominiali riguardanti la gestione ordinaria e la gestione straordinaria degli anni 2011 e 2012

Tutto ciò premesso

Fa domanda ai sensi dell'art. 30 della nuova legge del condominio di essere ammesso al passivo per tale importo in via prededucibile.

In fede

L'amministratore condominiale

Riscossione dei contributi e condomini morosi

COSA DICE LA LEGGE

ART. 63 • DISPOSIZIONI ATTUATIVE DEL CODICE CIVILE

Per la riscossione dei contributi in base allo stato di ripartizione approvato dall'assemblea, l'amministratore, senza bisogno di autorizzazione di questa, può ottenere un decreto di ingiunzione immediatamente esecutivo, nonostante opposizione, ed è tenuto a comunicare ai creditori non ancora soddisfatti che lo interpellino i dati dei condomini morosi.
I creditori non possono agire nei confronti degli obbligati in regola con i pagamenti, se non dopo l'escussione degli altri condomini. In caso di mora nel pagamento dei contributi che si sia protratta per un semestre, l'amministratore può sospendere il condomino moroso dalla fruizione dei servizi comuni suscettibili di godimento separato.
Chi subentra nei diritti di un condomino è obbligato solidalmente con questo al pagamento dei contributi relativi all'anno in corso e a quello precedente.
Chi cede diritti su unità immobiliari resta obbligato solidalmente con l'avente causa per i contributi maturati fino al momento in cui è trasmessa all'amministratore copia autentica del titolo che determina il trasferimento del diritto.

[Articolo così modificato dall'art. 18 della legge 220/2012]

In estrema sintesi, la legge offre uno strumento importante all'amministratore nei confronti dei condomini morosi: quello di ottenere un decreto d'ingiunzione immediatamente esecutivo.
Altro elemento innovativo dell'articolo di legge è rappresentato dal fatto che i creditori del condominio non possono agire nei confronti dei condomini in regola con i pagamenti delle spese se non dopo aver ottenuto quanto dovuto dai condomini morosi.

Condomini morosi e privacy

L'amministratore, al fine di non violare la privacy, non è obbligato a comunicare ai creditori del condominio i nominativi dei morosi. Tuttavia può segnalare ai creditori che tali condomini possono essere individuati con precisione dall'elenco dei decreti ingiuntivi già emessi: questo elenco viene pubblicato da tutte le cancellerie del tribunale sull'apposito registro a disposizione del pubblico.

DOMANDE & RISPOSTE

Come si può tutelare l'acquirente di un appartamento dal dover pagare debiti pregressi del condomino che decide di vendere l'appartamento?

Un consiglio importante per gli acquirenti di un appartamento è di accertarsi che tutte le spese condominiali, ordinarie e straordinarie antecedenti il giorno dell'acquisto, siano state pagate interamente dal venditore.

IL GIUDICE HA DETTO CHE...

La pubblica gogna del condomino moroso è reato. Lo sottolinea la Cassazione, con la sentenza 4364, convalidando una condanna per diffamazione nei confronti di un amministratore condominiale di Messina, colpevole di avere offeso la reputazione di un condomino, affiggendo nell'atrio del condominio un avviso di imminente distacco della fornitura idrica a seguito della presunta "persistenza del debito" sua e degli altri condomini espressamente indicati. Secondo la Quinta sezione penale, «Integra il delitto di diffamazione il comunicato, redatto all'esito di un'assemblea condominiale, qualora sia affisso in un luogo accessibile non già ai soli condomini dell'edificio per i quali può sussistere un interesse giuridicamente apprezzabile alla conoscenza di tali fatti, ma a un numero indeterminato di altri soggetti». La Suprema Corte fa notare ancora che «se davvero la prospettiva dell'amministratore fosse stata quella dell'informazione celere rispetto all'imminente interruzione del servizio, attraverso modalità comunicative potenzialmente percepibili da terzi estranei al condominio, egli avrebbe dovuto calibrare il contenuto dell'informazione a tale esigenza, evitando di menzionare anche l'identità dei condomini morosi».

(Fonte: Italia Oggi)

Giudice competente nelle cause condominiali

COSA DICE LA LEGGE

ART. 23 • CODICE PROCEDURA CIVILE • FORO PER LE CAUSE FRA CONDOMINI)

È competente per le cause fra condomini, ovvero tra condomini e condominio, il giudice del luogo ove si trovano i beni comuni o la maggior parte di essi. Tale norma si applica anche dopo lo scioglimento della società o del condominio, purché la domanda sia proposta entro un biennio dalla divisione.

[Articolo così modificato dall'art. 31 della legge 220/2012]

Per la nuova legge le cause tra condomini e anche quelle tra condomino e condominio sono di competenza del giudice del luogo dove si trovano i beni che hanno causato la vertenza.

Conclusioni

La nuova legge ha reso più trasparente la gestione amministrativa del condominio. Certamente sarebbe stato più agevole e organico se il nostro legislatore avesse dichiarato il condominio persona giuridica alla stregua delle società di capitali, come accade in molti paesi europei. Si è preferito, invece, seguire la linea tracciata dal nostro codice civile del 1942, modificando e aggiornando una parte considerevole della vecchia legge.

Fatta questa premessa, andiamo a ripercorrere i punti salienti della "riforma del condominio" (così come è definita la legge n. 220 dell'11 dicembre 2012 in vigore dal 18 giugno 2013):

- è stato ampliato l'elenco delle **parti comuni**, con l'aggiunta dei pilastri, delle travi portanti e dei sottotetti, nonché degli impianti di ricezione radiotelevisiva e di flussi telematici. Inoltre è stata estesa la disciplina delle parti comuni anche ai supercondominii, descrivendone caratteristiche e peculiarità;
- i **condomini** hanno visto aumentata la loro autonomia: infatti, per la prima volta viene riconosciuto al singolo condomino il diritto a installare un impianto individuale per la ricezione radiotelevisiva o per il riscaldamento. Non solo: è stata introdotta la possibilità di installare impianti per la produzione di energia da fonti rinnovabili per singole unità abitative senza autorizzazione dell'assemblea. Questo è un punto particolarmente importante e attuale: solare, eolico e la stessa efficienza energetica entrano così in gioco nella vita condominiale;
- **l'amministratore** è stato investito da maggiori poteri e responsabilità. La legge, oltre a disciplinarne doveri e poteri, ha ampliato le spettanze dell'amministratore rivestendolo non solo del ruolo di "gestore" del condominio ma anche di suo rappresentante in giudizio nelle azioni riguardanti le parti comuni.

A conclusione di questa guida vogliamo ricordare che **ogni condomino è prima di tutto un normale soggetto giuridico e come tale deve osservare tutte le leggi anche in ambito condominiale**. Nello specifico, non deve violare quanto previsto dal nostro codice penale in materia di danneggiamento di cose altrui: chi imbratta e commette atti vandalici contro le parti comuni del condominio è infatti passibile di pesanti sanzioni (art. 635), così come chi si rende responsabile di rumori, fumi e odori molesti (art. 660).

Nell'elenco delle molestie vanno anche segnalati gli atti persecutori, o di *stalking*, termine che entra sempre più nelle pieghe della cronaca quotidiana e che riguarda anche la vita condominiale. A questo proposito alcuni tribunali hanno recentemente condannato i molestatori di condominio non solo alla pena detentiva prevista dall'art. 612-bis del codice penale ma anche al rilascio immediato della propria abitazione condominiale. Queste ultime sentenze, ormai numerose e identiche nel contenuto, fanno ormai parte della giurisprudenza, dottrina applicata dai magistrati come se fosse già norma giuridica.

Appendice

LEGGE 11 DICEMBRE 2012, n. 220

Modifiche alla disciplina del condominio negli edifici.

La Camera dei deputati ed il Senato della Repubblica hanno approvato;

IL PRESIDENTE DELLA REPUBBLICA

Promulga
la seguente legge:

Art. 1

1. L'articolo 1117 del codice civile è sostituito dal seguente:

«Art. 1117. - (Parti comuni dell'edificio). - Sono oggetto di proprietà comune dei proprietari delle singole unità immobiliari dell'edificio, anche se aventi diritto a godimento periodico e se non risulta il contrario dal titolo:

1) tutte le parti dell'edificio necessarie all'uso comune, come il suolo su cui sorge l'edificio, le fondazioni, i muri maestri, i pilastri e le travi portanti, i tetti e i lastrici solari, le scale, i portoni di ingresso, i vestiboli, gli anditi, i portici, i cortili e le facciate;

2) le aree destinate a parcheggio nonché i locali per i servizi in comune, come la portineria, incluso l'alloggio del portiere, la lavanderia, gli stenditoi e i sottotetti destinati, per le caratteristiche strutturali e funzionali, all'uso comune;

3) le opere, le installazioni, i manufatti di qualunque genere destinati all'uso comune, come gli ascensori, i pozzi, le cisterne, gli impianti idrici e fognari, i sistemi centralizzati di distribuzione e di trasmissione per il gas, per l'energia elettrica, per il riscaldamento ed il condizionamento dell'aria, per la ricezione radiotelevisiva e per l'accesso a qualunque altro genere di flusso informativo, anche da satellite o via cavo, e i relativi collegamenti fino al punto di diramazione ai locali di proprietà individuale dei singoli condomini, ovvero, in caso di impianti unitari, fino al punto di utenza, salvo quanto disposto dalle normative di settore in materia di reti pubbliche».

Avvertenza:
Il testo delle note qui pubblicato è stato redatto dall'amministrazione competente per materia, ai sensi dell'art. 10, commi 2 e 3, del testo unico delle disposizioni sulla promulgazione delle leggi, sull'emanazione dei decreti del Presidente della Repubblica e sulle pubblicazioni ufficiali della Repubblica italiana, approvato con D.P.R. 28 dicembre 1985, n. 1092, al solo fine di facilitare la lettura delle disposizioni di legge modificate o alle quali è operato il rinvio. Restano invariati il valore e l'efficacia degli atti legislativi qui trascritti.

Art. 2

1. Dopo l'articolo 1117 del codice civile sono inseriti i seguenti:

«Art. 1117-bis. - (Ambito di applicabilità). - Le disposizioni del presente capo si applicano, in quanto compatibili, in tutti i casi in cui più unità immobiliari o più edifici ovvero pi condominii di unità immobiliari o di edifici abbiano parti comuni ai sensi dell'articolo 1117.

Art. 1117-ter. - (Modificazioni delle destinazioni d'uso). - Per soddisfare esigenze di interesse condominiale, l'assemblea, con un numero di voti che rappresenti i quattro quinti dei partecipanti al condominio e i quattro quinti del valore dell'edificio, può modificare la destinazione d'uso delle parti comuni.

La convocazione dell'assemblea deve essere affissa per non meno di trenta giorni consecutivi nei locali di maggior uso comune o negli spazi a tal fine destinati e deve effettuarsi mediante lettera raccomandata o equipollenti mezzi telematici, in modo da pervenire almeno venti giorni prima della data di convocazione.

La convocazione dell'assemblea, a pena di nullità, deve indicare le parti comuni oggetto della modificazione e la nuova destinazione d'uso.

La deliberazione deve contenere la dichiarazione espressa che sono stati effettuati gli adempimenti di cui ai precedenti commi.

Sono vietate le modificazioni delle destinazioni d'uso che possono recare pregiudizio alla stabilità o alla sicurezza del fabbricato o che ne alterano il decoro architettonico.

Art. 1117-quater. - (Tutela delle destinazioni d'uso). - In caso di attività che incidono negativamente e in modo sostanziale sulle destinazioni d'uso delle parti comuni, l'amministratore o i condomini, anche singolarmente, possono diffidare l'esecutore e possono chiedere la convocazione dell'assemblea per far cessare la violazione, anche mediante azioni giudiziarie. L'assemblea delibera in merito alla cessazione di tali attività con la maggioranza prevista dal secondo comma dell'articolo 1136».

Art. 3

1. L'articolo 1118 del codice civile è sostituito dal seguente:

«Art. 1118. - (Diritti dei partecipanti sulle parti comuni). - Il diritto di ciascun condomino sulle parti comuni, salvo che il titolo non disponga altrimenti, è proporzionale al valore dell'unità immobiliare che gli appartiene.

Il condomino non può rinunziare al suo diritto sulle parti comuni.

Il condomino non può sottrarsi all'obbligo di contribuire alle spese per la conservazione delle parti comuni, neanche modificando la destinazione d'uso della propria unità immobiliare, salvo quanto disposto da leggi speciali.

Il condomino può rinunciare all'utilizzo dell'impianto centralizzato di riscaldamento o di condizionamento, se dal suo distacco non derivano notevoli squilibri di funzionamento o aggravi di spesa per gli altri condomini. In tal caso il rinunziante resta tenuto a concorrere al pagamento delle sole spese per la manutenzione straordinaria dell'impianto e per la sua conservazione e messa a norma».

Art. 4

1. Al primo comma dell'articolo 1119 del codice civile sono aggiunte, in fine, le seguenti parole: «e con il consenso di tutti i partecipanti al condominio».

Note all'art. 4:
Si riporta il testo dell'articolo 1119 del codice civile, come modificato dalla legge qui pubblicata:
"Art. 1119. Indivisibilità.
Le parti comuni dell'edificio non sono soggette a divisione, a meno che la divisione possa farsi senza rendere più incomodo l'uso della cosa a ciascun condomino e con il consenso di tutti i partecipanti al condominio".

Art. 5

1. Dopo il primo comma dell'articolo 1120 del codice civile sono inseriti i seguenti:
«I condomini, con la maggioranza indicata dal secondo comma dell'articolo 1136, possono disporre le innovazioni che, nel rispetto della normativa di settore, hanno ad oggetto:
1) le opere e gli interventi volti a migliorare la sicurezza e la salubrità degli edifici e degli impianti;
2) le opere e gli interventi previsti per eliminare le barriere architettoniche, per il contenimento del consumo energetico degli edifici e per realizzare parcheggi destinati a servizio delle unità immobiliari o dell'edificio, nonché per la produzione di energia mediante l'utilizzo di impianti di cogenerazione, fonti eoliche, solari o comunque rinnovabili da parte del condominio o di terzi che conseguano a titolo oneroso un diritto reale o personale di godimento del lastrico solare o di altra idonea superficie comune;
3) l'installazione di impianti centralizzati per la ricezione radiotelevisiva e per l'accesso a qualunque altro genere di flusso informativo, anche da satellite o via cavo, e i relativi collegamenti fino alla diramazione per le singole utenze, ad esclusione degli impianti che non comportano modifiche in grado di alterare la destinazione della cosa comune e di impedire agli altri condomini di farne uso secondo il loro diritto.
L'amministratore è tenuto a convocare l'assemblea entro trenta giorni dalla richiesta anche di un solo condomino interessato all'adozione delle deliberazioni di cui al precedente comma. La richiesta deve contenere l'indicazione del contenuto specifico e delle modalità di esecuzione degli interventi proposti. In mancanza, l'amministratore deve invitare senza indugio il condomino proponente a fornire le necessarie integrazioni».

Note all'art. 5:
Si riporta il testo dell'articolo 1120 del codice civile, come modificato dalla legge qui pubblicata:
"Art. 1120. Innovazioni.
I condomini, con la maggioranza indicata dal quinto comma dell'articolo 1136, possono disporre tutte le innovazioni dirette al miglioramento o all'uso più comodo o al maggior rendimento delle cose comuni.
I condomini, con la maggioranza indicata dal secondo comma dell'articolo 1136, possono disporre le innovazioni che, nel rispetto della normativa di settore, hanno ad oggetto:
1) le opere e gli interventi volti a migliorare la sicurezza e la salubrità degli edifici e degli impianti;
2) le opere e gli interventi previsti per eliminare le barriere architettoniche, per il contenimento del consumo energetico degli edifici e per realizzare parcheggi destinati a servizio delle unità immobiliari o dell'edificio, nonché per la produzione di energia mediante l'utilizzo di impianti di cogenerazione, fonti eoliche, solari o comunque rinnovabili da parte del con-

dominio o di terzi che conseguano a titolo oneroso un diritto reale o personale di godimento del lastrico solare o di altra idonea superficie comune;

3) l'installazione di impianti centralizzati per la ricezione radiotelevisiva e per l'accesso a qualunque altro genere di flusso informativo, anche da satellite o via cavo, e i relativi collegamenti fino alla diramazione per le singole utenze, ad esclusione degli impianti che non comportano modifiche in grado di alterare la destinazione della cosa comune e di impedire agli altri condomini di farne uso secondo il loro diritto.

L'amministratore è tenuto a convocare l'assemblea entro trenta giorni dalla richiesta anche di un solo condomino interessato all'adozione delle deliberazioni di cui al precedente comma. La richiesta deve contenere l'indicazione del contenuto specifico e delle modalità di esecuzione degli interventi proposti. In mancanza, l'amministratore deve invitare senza indugio il condomino proponente a fornire le necessarie integrazioni.

Sono vietate le innovazioni che possano recare pregiudizio alla stabilità o alla sicurezza del fabbricato, che ne alterino il decoro architettonico o che rendano talune parti comuni dell'edificio inservibili all'uso o al godimento anche di un solo condomino".

Art. 6

1. L'articolo 1122 del codice civile è sostituito dal seguente:

«Art. 1122. - (Opere su parti di proprietà o uso individuale). - Nell'unità immobiliare di sua proprietà ovvero nelle parti normalmente destinate all'uso comune, che siano state attribuite in proprietà esclusiva o destinate all'uso individuale, il condomino non può eseguire opere che rechino danno alle parti comuni ovvero determinino pregiudizio alla stabilità, alla sicurezza o al decoro architettonico dell'edificio.

In ogni caso è data preventiva notizia all'amministratore che ne riferisce all'assemblea».

Art. 7

1. Dopo l'articolo 1122 del codice civile sono inseriti i seguenti:

«Art. 1122-bis. - (Impianti non centralizzati di ricezione radiotelevisiva e di produzione di energia da fonti rinnovabili). - Le installazioni di impianti non centralizzati per la ricezione radiotelevisiva e per l'accesso a qualunque altro genere di flusso informativo, anche da satellite o via cavo, e i relativi collegamenti fino al punto di diramazione per le singole utenze sono realizzati in modo da recare il minor pregiudizio alle parti comuni e alle unità immobiliari di proprietà individuale, preservando in ogni caso il decoro architettonico dell'edificio, salvo quanto previsto in materia di reti pubbliche.

È consentita l'installazione di impianti per la produzione di energia da fonti rinnovabili destinati al servizio di singole unità del condominio sul lastrico solare, su ogni altra idonea superficie comune e sulle parti di proprietà individuale dell'interessato.

Qualora si rendano necessarie modificazioni delle parti comuni, l'interessato ne dà comunicazione all'amministratore indicando il contenuto specifico e le modalità di esecuzione degli interventi. L'assemblea può prescrivere, con la maggioranza di cui al quinto comma dell'articolo 1136, adeguate modalità alternative di esecuzione o imporre cautele a salvaguardia della stabilità, della sicurezza o del decoro architet-

tonico dell'edificio e, ai fini dell'installazione degli impianti di cui al secondo comma, provvede, a richiesta degli interessati, a ripartire l'uso del lastrico solare e delle altre superfici comuni, salvaguardando le diverse forme di utilizzo previste dal regolamento di condominio o comunque in atto. L'assemblea, con la medesima maggioranza, può altresì subordinare l'esecuzione alla prestazione, da parte dell'interessato, di idonea garanzia per i danni eventuali.
L'accesso alle unità immobiliari di proprietà individuale deve essere consentito ove necessario per la progettazione e per l'esecuzione delle opere. Non sono soggetti ad autorizzazione gli impianti destinati alle singole unità abitative.
Art. 1122-ter. - (Impianti di videosorveglianza sulle parti comuni). - Le deliberazioni concernenti l'installazione sulle parti comuni dell'edificio di impianti volti a consentire la videosorveglianza su di esse sono approvate dall'assemblea con la maggioranza di cui al secondo comma dell'articolo 1136».

Art. 8

1. All'articolo 1124 del codice civile sono apportate le seguenti modificazioni:
a) il primo comma è sostituito dal seguente:
«Le scale e gli ascensori sono mantenuti e sostituiti dai proprietari delle unità immobiliari a cui servono. La spesa relativa è ripartita tra essi, per metà in ragione del valore delle singole unità immobiliari e per l'altra metà esclusivamente in misura proporzionale all'altezza di ciascun piano dal suolo»;
b) la rubrica è sostituita dalla seguente:
«Manutenzione e sostituzione delle scale e degli ascensori».

Note all'art. 8:
Si riporta il testo dell'articolo 1124 del codice civile, come modificato dalla legge qui pubblicata:
"Art. 1124. Manutenzione e sostituzione delle scale e degli ascensori.
Le scale e gli ascensori sono mantenuti e sostituiti dai proprietari delle unità immobiliari a cui servono. La spesa relativa è ripartita tra essi, per mete in ragione del valore delle singole unità immobiliari e per l'altra metà esclusivamente in misura proporzionale all'altezza di ciascun piano dal suolo. Al fine del concorso nella metà della spesa, che è ripartita in ragione del valore, si considerano come piani le cantine, i palchi morti, le soffitte o camere a tetto e i lastrici solari, qualora non siano di proprietà comune".

Art. 9

1. L'articolo 1129 del codice civile è sostituito dal seguente:
«Art. 1129. - (Nomina, revoca ed obblighi dell'amministratore). - Quando i condomini sono più di otto, se l'assemblea non vi provvede, la nomina di un amministratore è fatta dall'autorità giudiziaria su ricorso di uno o più condomini o dell'amministratore dimissionario.
Contestualmente all'accettazione della nomina e ad ogni rinnovo dell'incarico, l'amministratore comunica i propri dati anagrafici e professionali, il codice fiscale, o, se si tratta di società, anche la sede legale e la denominazione, il locale ove si trovano i registri di cui ai numeri 6) e 7) dell'articolo 1130, nonché i giorni e le ore in cui ogni interessato, previa richiesta all'amministratore, può prenderne gratuitamente visione e ottenere, previo rimborso della spesa, copia da lui firmata.

L'assemblea può subordinare la nomina dell'amministratore alla presentazione ai condomini di una polizza individuale di assicurazione per la responsabilità civile per gli atti compiuti nell'esercizio del mandato.
L'amministratore è tenuto altresì ad adeguare i massimali della polizza se nel periodo del suo incarico l'assemblea deliberi lavori straordinari. Tale adeguamento non deve essere inferiore all'importo di spesa deliberato e deve essere effettuato contestualmente all'inizio dei lavori. Nel caso in cui l'amministratore sia coperto da una polizza di assicurazione per la responsabilità civile professionale generale per l'intera attività da lui svolta, tale polizza deve essere integrata con una dichiarazione dell'impresa di assicurazione che garantisca le condizioni previste dal periodo precedente per lo specifico condominio.
Sul luogo di accesso al condominio o di maggior uso comune, accessibile anche ai terzi, è affissa l'indicazione delle generalità, del domicilio e dei recapiti, anche telefonici, dell'amministratore.
In mancanza dell'amministratore, sul luogo di accesso al condominio o di maggior uso comune, accessibile anche ai terzi, è affissa l'indicazione delle generalità e dei recapiti, anche telefonici, della persona che svolge funzioni analoghe a quelle dell'amministratore.
L'amministratore è obbligato a far transitare le somme ricevute a qualunque titolo dai condomini o da terzi, nonché quelle a qualsiasi titolo erogate per conto del condominio, su uno specifico conto corrente, postale o bancario, intestato al condominio; ciascun condomino, per il tramite dell'amministratore, può chiedere di prendere visione ed estrarre copia, a proprie spese, della rendicontazione periodica.
Alla cessazione dell'incarico l'amministratore è tenuto alla consegna di tutta la documentazione in suo possesso afferente al condominio e ai singoli condomini e ad eseguire le attività urgenti al fine di evitare pregiudizi agli interessi comuni senza diritto ad ulteriori compensi.
Salvo che sia stato espressamente dispensato dall'assemblea, l'amministratore è tenuto ad agire per la riscossione forzosa delle somme dovute dagli obbligati entro sei mesi dalla chiusura dell'esercizio nel quale il credito esigibile è compreso, anche ai sensi dell'articolo 63, primo comma, delle disposizioni per l'attuazione del presente codice.
L'incarico di amministratore ha durata di un anno e si intende rinnovato per eguale durata. L'assemblea convocata per la revoca o le dimissioni delibera in ordine alla nomina del nuovo amministratore.
La revoca dell'amministratore può essere deliberata in ogni tempo dall'assemblea, con la maggioranza prevista per la sua nomina oppure con le modalità previste dal regolamento di condominio. Può altresì essere disposta dall'autorità giudiziaria, su ricorso di ciascun condomino, nel caso previsto dal quarto comma dell'articolo 1131, se non rende il conto della gestione, ovvero in caso di gravi irregolarità. Nei casi in cui siano emerse gravi irregolarità fiscali o di non ottemperanza a quanto disposto dal numero 3) del dodicesimo comma del presente articolo, i condomini, anche singolarmente, possono chiedere la convocazione dell'assemblea per far cessare la violazione e revocare il mandato all'amministratore. In caso di mancata revoca da parte dell'assemblea, ciascun condomino può rivolgersi all'autorità giudiziaria; in caso di accoglimento della domanda, il ricorrente, per le spese legali, ha

titolo alla rivalsa nei confronti del condominio, che a sua volta può rivalersi nei confronti dell'amministratore revocato.
Costituiscono, tra le altre, gravi irregolarità:
1) l'omessa convocazione dell'assemblea per l'approvazione del rendiconto condominiale, il ripetuto rifiuto di convocare l'assemblea per la revoca e per la nomina del nuovo amministratore o negli altri casi previsti dalla legge;
2) la mancata esecuzione di provvedimenti giudiziari e amministrativi, nonché di deliberazioni dell'assemblea;
3) la mancata apertura ed utilizzazione del conto di cui al settimo comma;
4) la gestione secondo modalità che possono generare possibilità di confusione tra il patrimonio del condominio e il patrimonio personale dell'amministratore o di altri condomini;
5) l'aver acconsentito, per un credito insoddisfatto, alla cancellazione delle formalità eseguite nei registri immobiliari a tutela dei diritti del condominio;
6) qualora sia stata promossa azione giudiziaria per la riscossione delle somme dovute al condominio, l'aver omesso di curare diligentemente l'azione e la conseguente esecuzione coattiva;
7) l'inottemperanza agli obblighi di cui all'articolo 1130, numeri 6), 7) e 9); 8) l'omessa, incompleta o inesatta comunicazione dei dati di cui al secondo comma del presente articolo. In caso di revoca da parte dell'autorità giudiziaria, l'assemblea non può nominare nuovamente l'amministratore revocato.
L'amministratore, all'atto dell'accettazione della nomina e del suo rinnovo, deve specificare analiticamente, a pena di nullità della nomina stessa, l'importo dovuto a titolo di compenso per l'attività svolta.
Per quanto non disciplinato dal presente articolo si applicano le disposizioni di cui alla sezione I del capo IX del titolo III del libro IV.
Il presente articolo si applica anche agli edifici di alloggi di edilizia popolare ed economica, realizzati o recuperati da enti pubblici a totale partecipazione pubblica o con il concorso dello Stato, delle regioni, delle province o dei comuni, nonché a quelli realizzati da enti pubblici non economici o società private senza scopo di lucro con finalità sociali proprie dell'edilizia residenziale pubblica».

Art. 10

1. L'articolo 1130 del codice civile è sostituito dal seguente:
«Art. 1130. - (Attribuzioni dell'amministratore). - L'amministratore, oltre a quanto previsto dall'articolo 1129 e dalle vigenti disposizioni di legge, deve:
1) eseguire le deliberazioni dell'assemblea, convocarla annualmente per l'approvazione del rendiconto condominiale di cui all'articolo 1130-bis e curare l'osservanza del regolamento di condominio;
2) disciplinare l'uso delle cose comuni e la fruizione dei servizi nell'interesse comune, in modo che ne sia assicurato il miglior godimento a ciascuno dei condomini;
3) riscuotere i contributi ed erogare le spese occorrenti per la manutenzione ordinaria delle parti comuni dell'edificio e per l'esercizio dei servizi comuni;
4) compiere gli atti conservativi relativi alle parti comuni dell'edificio;
5) eseguire gli adempimenti fiscali;
6) curare la tenuta del registro di anagrafe condominiale contenente le generalità dei singoli proprietari e dei titolari di diritti reali e di diritti personali di godimento, com-

prensive del codice fiscale e della residenza o domicilio, i dati catastali di ciascuna unità immobiliare, nonché ogni dato relativo alle condizioni di sicurezza. Ogni variazione dei dati deve essere comunicata all'amministratore in forma scritta entro sessanta giorni. L'amministratore, in caso di inerzia, mancanza o incompletezza delle comunicazioni, richiede con lettera raccomandata le informazioni necessarie alla tenuta del registro di anagrafe. Decorsi trenta giorni, in caso di omessa o incompleta risposta, l'amministratore acquisisce le informazioni necessarie, addebitandone il costo ai responsabili;
7) curare la tenuta del registro dei verbali delle assemblee, del registro di nomina e revoca dell'amministratore e del registro di contabilità. Nel registro dei verbali delle assemblee sono altresì annotate: le eventuali mancate costituzioni dell'assemblea, le deliberazioni nonché le brevi dichiarazioni rese dai condomini che ne hanno fatto richiesta; allo stesso registro è allegato il regolamento di condominio, ove adottato. Nel registro di nomina e revoca dell'amministratore sono annotate, in ordine cronologico, le date della nomina e della revoca di ciascun amministratore del condominio, nonché gli estremi del decreto in caso di provvedimento giudiziale. Nel registro di contabilità sono annotati in ordine cronologico, entro trenta giorni da quello dell'effettuazione, i singoli movimenti in entrata ed in uscita. Tale registro può tenersi anche con modalità informatizzate;
8) conservare tutta la documentazione inerente alla propria gestione riferibile sia al rapporto con i condomini sia allo stato tecnico-amministrativo dell'edificio e del condominio;
9) fornire al condomino che ne faccia richiesta attestazione relativa allo stato dei pagamenti degli oneri condominiali e delle eventuali liti in corso;
10) redigere il rendiconto condominiale annuale della gestione e convocare l'assemblea per la relativa approvazione entro centottanta giorni».

Art. 11

1. Dopo l'articolo 1130 del codice civile è inserito il seguente:
«Art. 1130-bis. - (Rendiconto condominiale). - Il rendiconto condominiale contiene le voci di entrata e di uscita ed ogni altro dato inerente alla situazione patrimoniale del condominio, ai fondi disponibili ed alle eventuali riserve, che devono essere espressi in modo da consentire l'immediata verifica. Si compone di un registro di contabilità, di un riepilogo finanziario, nonché di una nota sintetica esplicativa della gestione con l'indicazione anche dei rapporti in corso e delle questioni pendenti. L'assemblea condominiale può, in qualsiasi momento o per più annualità specificamente identificate, nominare un revisore che verifichi la contabilità del condominio. La deliberazione è assunta con la maggioranza prevista per la nomina dell'amministratore e la relativa spesa è ripartita fra tutti i condomini sulla base dei millesimi di proprietà. I condomini e i titolari di diritti reali o di godimento sulle unità immobiliari possono prendere visione dei documenti giustificativi di spesa in ogni tempo ed estrarne copia a proprie spese. Le scritture e i documenti giustificativi devono essere conservati per dieci anni dalla data della relativa registrazione.
L'assemblea può anche nominare, oltre all'amministratore, un consiglio di condominio composto da almeno tre condomini negli edifici di almeno dodici unità immo-

biliari. Il consiglio ha funzioni consultive e di controllo».

Art. 12

1. Al primo comma dell'articolo 1131 del codice civile, le parole: «dall'articolo precedente» sono sostituite dalle seguenti: «dall'articolo 1130».

Note all'art. 12:
Si riporta il testo del primo comma dell'articolo 1131 del codice civile, come modificato dalla legge qui pubblicata:
"Art. 1131. Rappresentanza.
Nei limiti delle attribuzioni stabilite dall'articolo 1130 o dei maggiori poteri conferitigli dal regolamento di condominio o dall'assemblea, l'amministratore ha la rappresentanza dei partecipanti e può agire in giudizio sia contro i condomini sia contro i terzi.
(Omissis)".

Art. 13

1. L'articolo 1134 del codice civile è sostituito dal seguente:
«Art. 1134. - (Gestione di iniziativa individuale). - Il condomino che ha assunto la gestione delle parti comuni senza autorizzazione dell'amministratore o dell'assemblea non ha diritto al rimborso, salvo che si tratti di spesa urgente».
2. All'articolo 1135 del codice civile sono apportate le seguenti modificazioni:
a) al primo comma, il numero 4) è sostituito dal seguente:
«4) alle opere di manutenzione straordinaria e alle innovazioni, costituendo obbligatoriamente un fondo speciale di importo pari all'ammontare dei lavori»;
b) è aggiunto, in fine, il seguente comma:
«L'assemblea può autorizzare l'amministratore a partecipare e collaborare a progetti, programmi e iniziative territoriali promossi dalle istituzioni locali o da soggetti privati qualificati, anche mediante opere di risanamento di parti comuni degli immobili nonché di demolizione, ricostruzione e messa in sicurezza statica, al fine di favorire il recupero del patrimonio edilizio esistente, la vivibilità urbana, la sicurezza e la sostenibilità ambientale della zona in cui il condominio è ubicato».

Art. 14

1. L'articolo 1136 del codice civile è sostituito dal seguente:
«Art. 1136. - (Costituzione dell'assemblea e validità delle deliberazioni). - L'assemblea in prima convocazione è regolarmente costituita con l'intervento di tanti condomini che rappresentino i due terzi del valore dell'intero edificio e la maggioranza dei partecipanti al condominio.
Sono valide le deliberazioni approvate con un numero di voti che rappresenti la maggioranza degli intervenuti e almeno la metà del valore dell'edificio.
Se l'assemblea in prima convocazione non può deliberare per mancanza di numero legale, l'assemblea in seconda convocazione delibera in un giorno successivo a quello della prima e, in ogni caso, non oltre dieci giorni dalla medesima. L'assemblea in seconda convocazione è regolarmente costituita con l'intervento di tanti condomini che rappresentino almeno un terzo del valore dell'intero edificio e un terzo dei partecipanti al condominio. La deliberazione è valida se approvata dalla maggioranza degli intervenuti con un numero di voti che rappresenti almeno un terzo del valore dell'edificio.
Le deliberazioni che concernono la nomina e la revoca dell'amministratore o le liti atti-

ve e passive relative a materie che esorbitano dalle attribuzioni dell'amministratore medesimo, le deliberazioni che concernono la ricostruzione dell'edificio o riparazioni straordinarie di notevole entità e le deliberazioni di cui agli articoli 1117-quater, 1120, secondo comma, 1122-ter nonché 1135, terzo comma, devono essere sempre approvate con la maggioranza stabilita dal secondo comma del presente articolo.
Le deliberazioni di cui all'articolo 1120, primo comma, e all'articolo 1122-bis, terzo comma, devono essere approvate dall'assemblea con un numero di voti che rappresenti la maggioranza degli intervenuti ed almeno i due terzi del valore dell'edificio.
L'assemblea non può deliberare, se non consta che tutti gli aventi diritto sono stati regolarmente convocati.
Delle riunioni dell'assemblea si redige processo verbale da trascrivere nel registro tenuto dall'amministratore».

Art. 15

1. L'articolo 1137 del codice civile è sostituito dal seguente:
«Art. 1137. - (Impugnazione delle deliberazioni dell'assemblea). - Le deliberazioni prese dall'assemblea a norma degli articoli precedenti sono obbligatorie per tutti i condomini.
Contro le deliberazioni contrarie alla legge o al regolamento di condominio ogni condomino assente, dissenziente o astenuto può adire l'autorità giudiziaria chiedendone l'annullamento nel termine perentorio di trenta giorni, che decorre dalla data della deliberazione per i dissenzienti o astenuti e dalla data di comunicazione della deliberazione per gli assenti.
L'azione di annullamento non sospende l'esecuzione della deliberazione, salvo che la sospensione sia ordinata dall'autorità giudiziaria.
L'istanza per ottenere la sospensione proposta prima dell'inizio della causa di merito non sospende né interrompe il termine per la proposizione dell'impugnazione della deliberazione. Per quanto non espressamente previsto, la sospensione è disciplinata dalle norme di cui al libro IV, titolo I, capo III, sezione I, con l'esclusione dell'articolo 669-octies, sesto comma, del codice di procedura civile».

Art. 16

1. All'articolo 1138 del codice civile sono apportate le seguenti modificazioni:
a) il terzo comma è sostituito dal seguente: «Il regolamento deve essere approvato dall'assemblea con la maggioranza stabilita dal secondo comma dell'articolo 1136 ed allegato al registro indicato dal numero 7) dell'articolo 1130. Esso può essere impugnato a norma dell'articolo 1107»;
b) è aggiunto, in fine, il seguente comma: «Le norme del regolamento non possono vietare di possedere o detenere animali domestici».

Note all'art. 16: Si riporta il testo dell'articolo 1138 del codice civile, come modificato dalla legge qui pubblicata: "Art. 1138. Regolamento di condominio. Quando in un edificio il numero dei condomini è superiore a dieci, deve essere formato un regolamento, il quale contenga le norme circa l'uso delle cose comuni e la ripartizione delle spese, secondo i diritti e gli obblighi spettanti a ciascun condomino, nonché le norme per la tutela del decoro dell'edificio e quelle relative all'amministrazione.
Ciascun condomino può prendere l'iniziativa per la formazione del regolamento di

condominio o per la revisione di quello esistente.
Il regolamento deve essere approvato dall'assemblea con la maggioranza stabilita dal secondo comma dell'articolo 1136 ed allegato al registro indicato dal numero 7) dell'articolo 1130. Esso può essere impugnato a norma dell'articolo 1107.
Le norme del regolamento non possono in alcun modo menomare i diritti di ciascun condomino, quali risultano dagli atti di acquisto e dalle convenzioni, e in nessun caso possono derogare alle disposizioni degli articoli 1118, secondo comma, 1119, 1120, 1129, 1131, 1132, 1136 e 1137.
Le norme del regolamento non possono vietare di possedere o detenere animali domestici".

Art. 17

1. Al numero 1) del primo comma dell'articolo 2659 del codice civile sono aggiunte, in fine, le seguenti parole: «. Per i condominii devono essere indicati l'eventuale denominazione, l'ubicazione e il codice fiscale».

Note all'art. 17:
Si riporta il testo del numero 1) del primo comma dell'articolo 2659 del codice civile, come modificato dalla legge qui pubblicata:
"Art. 2659. Nota di trascrizione.
Chi domanda la trascrizione di un atto tra vivi deve presentare al conservatore dei registri immobiliari, insieme con la copia del titolo, una nota in doppio originale, nella quale devono essere indicati:
1) il cognome ed il nome, il luogo e data di nascita e il numero di codice fiscale delle parti, nonché il regime patrimoniale delle stesse, se coniugate, secondo quanto risulta da loro dichiarazione resa nel titolo o da certificato dell'ufficiale di stato civile; la denominazione o la ragione sociale, la sede e il numero di codice fiscale delle persone giuridiche, delle società previste dai capi II, III e IV del titolo V del libro quinto e delle associazioni non riconosciute, con l'indicazione, per queste ultime e per le società semplici, anche delle generalità delle persone che le rappresentano secondo l'atto costitutivo. Per i condominii devono essere indicati l'eventuale denominazione, l'ubicazione e il codice fiscale.
(Omissis)".

Art. 18

1. L'articolo 63 delle disposizioni per l'attuazione del codice civile e disposizioni transitorie, di cui al regio decreto 30 marzo 1942, n. 318, è sostituito dal seguente:
«Art. 63. - Per la riscossione dei contributi in base allo stato di ripartizione approvato dall'assemblea, l'amministratore, senza bisogno di autorizzazione di questa, può ottenere un decreto di ingiunzione immediatamente esecutivo, nonostante opposizione, ed è tenuto a comunicare ai creditori non ancora soddisfatti che lo interpellino i dati dei condomini morosi.
I creditori non possono agire nei confronti degli obbligati in regola con i pagamenti, se non dopo l'escussione degli altri condomini.
In caso di mora nel pagamento dei contributi che si sia protratta per un semestre, l'amministratore può sospendere il condomino moroso dalla fruizione dei servizi comuni suscettibili di godimento separato.
Chi subentra nei diritti di un condomino è obbligato solidalmente con questo al pagamento dei contributi relativi all'anno in corso e a quello precedente.

Chi cede diritti su unità immobiliari resta obbligato solidalmente con l'avente causa per i contributi maturati fino al momento in cui è trasmessa all'amministratore copia autentica del titolo che determina il trasferimento del diritto».

Art. 19

1. L'articolo 64 delle disposizioni per l'attuazione del codice civile e disposizioni transitorie è sostituito dal seguente:
«Art. 64. - Sulla revoca dell'amministratore, nei casi indicati dall'undicesimo comma dell'articolo 1129 e dal quarto comma dell'articolo 1131 del codice, il tribunale provvede in camera di consiglio, con decreto motivato, sentito l'amministratore in contraddittorio con il ricorrente.
Contro il provvedimento del tribunale può essere proposto reclamo alla corte d'appello nel termine di dieci giorni dalla notificazione o dalla comunicazione».

Art. 20

1. All'articolo 66 delle disposizioni per l'attuazione del codice civile e disposizioni transitorie, il terzo comma è sostituito dai seguenti:
«L'avviso di convocazione, contenente specifica indicazione dell'ordine del giorno, deve essere comunicato almeno cinque giorni prima della data fissata per l'adunanza in prima convocazione, a mezzo di posta raccomandata, posta elettronica certificata, fax o tramite consegna a mano, e deve contenere l'indicazione del luogo e dell'ora della riunione. In caso di omessa, tardiva o incompleta convocazione degli aventi diritto, la deliberazione assembleare è annullabile ai sensi dell'articolo 1137 del codice su istanza dei dissenzienti o assenti perché non ritualmente convocati.
L'assemblea in seconda convocazione non può tenersi nel medesimo giorno solare della prima.
L'amministratore ha facoltà di fissare più riunioni consecutive in modo da assicurare lo svolgimento dell'assemblea in termini brevi, convocando gli aventi diritto con un unico avviso nel quale sono indicate le ulteriori date ed ore di eventuale prosecuzione dell'assemblea validamente costituitasi».

Note all'art. 20:
Si riporta il testo del terzo comma, dell'articolo 66 delle disposizioni per l'attuazione del codice civile e disposizioni transitorie, come modificato dalla legge qui pubblicata:
"Art. 66.
(Omissis).
L'avviso di convocazione, contenente specifica indicazione dell'ordine del giorno, deve essere comunicato almeno cinque giorni prima della data fissata per l'adunanza in prima convocazione, a mezzo di posta raccomandata, posta elettronica certificata, fax o tramite consegna a mano, e deve contenere l'indicazione del luogo e dell'ora della riunione. In caso di omessa, tardiva o incompleta convocazione degli aventi diritto, la deliberazione assembleare è annullabile ai sensi dell'articolo 1137 del codice su istanza dei dissenzienti o assenti perché non ritualmente convocati.
L'assemblea in seconda convocazione non può tenersi nel medesimo giorno solare della prima.
L'amministratore ha facoltà di fissare più riunioni consecutive in modo da assicurare lo volgimento dell'assemblea in termini brevi, convocando gli aventi diritto con un unico avviso nel quale sono indicate le

ulteriori date ed ore di eventuale prosecuzione dell'assemblea validamente costituitasi".

Art. 21

1. L'articolo 67 delle disposizioni per l'attuazione del codice civile e disposizioni transitorie è sostituito dal seguente:
«Art. 67. - Ogni condomino può intervenire all'assemblea anche a mezzo di rappresentante, munito di delega scritta. Se i condomini sono più di venti, il delegato non può rappresentare più di un quinto dei condomini e del valore proporzionale.
Qualora un'unità immobiliare appartenga in proprietà indivisa a più persone, queste hanno diritto a un solo rappresentante nell'assemblea, che è designato dai comproprietari interessati a norma dell'articolo 1106 del codice.
Nei casi di cui all'articolo 1117-bis del codice, quando i partecipanti sono complessivamente più di sessanta, ciascun condominio deve designare, con la maggioranza di cui all'articolo 1136, quinto comma, del codice, il proprio rappresentante all'assemblea per la gestione ordinaria delle parti comuni a più condominii e per la nomina dell'amministratore. In mancanza, ciascun partecipante può chiedere che l'autorità giudiziaria nomini il rappresentante del proprio condominio. Qualora alcuni dei condominii interessati non abbiano nominato il proprio rappresentante, l'autorità giudiziaria provvede alla nomina su ricorso anche di uno solo dei rappresentanti già nominati, previa diffida a provvedervi entro un congruo termine. La diffida ed il ricorso all'autorità giudiziaria sono notificati al condominio cui si riferiscono in persona dell'amministratore o, in mancanza, a tutti i condomini.
Ogni limite o condizione al potere di rappresentanza si considera non apposto. Il rappresentante risponde con le regole del mandato e comunica tempestivamente all'amministratore di ciascun condominio l'ordine del giorno e le decisioni assunte dall'assemblea dei rappresentanti dei condominii. L'amministratore riferisce in assemblea.
All'amministratore non possono essere conferite deleghe per la partecipazione a qualunque assemblea.
L'usufruttuario di un piano o porzione di piano dell'edificio esercita il diritto di voto negli affari che attengono all'ordinaria amministrazione e al semplice godimento delle cose e dei servizi comuni.
Nelle altre deliberazioni, il diritto di voto spetta ai proprietari, salvi i casi in cui l'usufruttuario intenda avvalersi del diritto di cui all'articolo 1006 del codice ovvero si tratti di lavori od opere ai sensi degli articoli 985 e 986 del codice. In tutti questi casi l'avviso di convocazione deve essere comunicato sia all'usufruttuario sia al nudo proprietario.
Il nudo proprietario e l'usufruttuario rispondono solidalmente per il pagamento dei contributi dovuti all'amministrazione condominiale».

Art. 22

1. L'articolo 68 delle disposizioni per l'attuazione del codice civile e disposizioni transitorie è sostituito dal seguente:
«Art. 68. - Ove non precisato dal titolo ai sensi dell'articolo 1118, per gli effetti indicati dagli articoli 1123, 1124, 1126 e 1136 del codice, il valore proporzionale di ciascuna unità immobiliare è espresso in millesimi in apposita tabella allegata al regolamento di condominio.

Nell'accertamento dei valori di cui al primo comma non si tiene conto del canone locatizio, dei miglioramenti e dello stato di manutenzione di ciascuna unità immobiliare».

Art. 23

1. L'articolo 69 delle disposizioni per l'attuazione del codice civile e disposizioni transitorie è sostituito dal seguente:
«Art. 69. - I valori proporzionali delle singole unità immobiliari espressi nella tabella millesimale di cui all'articolo 68 possono essere rettificati o modificati all'unanimità. Tali valori possono essere rettificati o modificati, anche nell'interesse di un solo condomino, con la maggioranza prevista dall'articolo 1136, secondo comma, del codice, nei seguenti casi:
1) quando risulta che sono conseguenza di un errore;
2) quando, per le mutate condizioni di una parte dell'edificio, in conseguenza di sopraelevazione, di incremento di superfici o di incremento o diminuzione delle unità immobiliari, è alterato per più di un quinto il valore proporzionale dell'unità immobiliare anche di un solo condomino. In tal caso il relativo costo è sostenuto da chi ha dato luogo alla variazione.
Ai soli fini della revisione dei valori proporzionali espressi nella tabella millesimale allegata al regolamento di condominio ai sensi dell'articolo 68, può essere convenuto in giudizio unicamente il condominio in persona dell'amministratore. Questi è tenuto a darne senza indugio notizia all'assemblea dei condomini. L'amministratore che non adempie a quest'obbligo può essere revocato ed è tenuto al risarcimento degli eventuali danni.
Le norme di cui al presente articolo si applicano per la rettifica o la revisione delle tabelle per la ripartizione delle spese redatte in applicazione dei criteri legali o convenzionali».

Art. 24

1. L'articolo 70 delle disposizioni per l'attuazione del codice civile e disposizioni transitorie è sostituito dal seguente:
«Art. 70. - Per le infrazioni al regolamento di condominio può essere stabilito, a titolo di sanzione, il pagamento di una somma fino ad euro 200 e, in caso di recidiva, fino ad euro 800. La somma è devoluta al fondo di cui l'amministratore dispone per le spese ordinarie».

Art. 25

1. Dopo l'articolo 71 delle disposizioni per l'attuazione del codice civile e disposizioni transitorie sono inseriti i seguenti:
«Art. 71-bis. - Possono svolgere l'incarico di amministratore di condominio coloro:
a) che hanno il godimento dei diritti civili;
b) che non sono stati condannati per delitti contro la pubblica amministrazione, l'amministrazione della giustizia, la fede pubblica, il patrimonio o per ogni altro delitto non colposo per il quale la legge commina la pena della reclusione non inferiore, nel minimo, a due anni e, nel massimo, a cinque anni;
c) che non sono stati sottoposti a misure di prevenzione divenute definitive, salvo che non sia intervenuta la riabilitazione;
d) che non sono interdetti o inabilitati;
e) il cui nome non risulta annotato nell'elenco dei protesti cambiari;
f) che hanno conseguito il diploma di scuola secondaria di secondo grado;
g) che hanno frequentato un corso di formazione iniziale e svolgono attività di formazione periodica in materia di amministrazione condominiale.

I requisiti di cui alle lettere f) e g) del primo comma non sono necessari qualora l'amministratore sia nominato tra i condomini dello stabile.
Possono svolgere l'incarico di amministratore di condominio anche società di cui al titolo V del libro V del codice. In tal caso, i requisiti devono essere posseduti dai soci illimitatamente responsabili, dagli amministratori e dai dipendenti incaricati di svolgere le funzioni di amministrazione dei condominii a favore dei quali la società presta i servizi.
La perdita dei requisiti di cui alle lettere a), b), c), d) ed e) del primo comma comporta la cessazione dall'incarico. In tale evenienza ciascun condomino può convocare senza formalità l'assemblea per la nomina del nuovo amministratore.
A quanti hanno svolto attività di amministrazione di condominio per almeno un anno, nell'arco dei tre anni precedenti alla data di entrata in vigore della presente disposizione, è consentito lo svolgimento dell'attività di amministratore anche in mancanza dei requisiti di cui alle lettere f) e g) del primo comma. Resta salvo l'obbligo di formazione periodica.
Art. 71-ter. - Su richiesta dell'assemblea, che delibera con la maggioranza di cui al secondo comma dell'articolo 1136 del codice, l'amministratore è tenuto ad attivare un sito internet del condominio che consenta agli aventi diritto di consultare ed estrarre copia in formato digitale dei documenti previsti dalla delibera assembleare. Le spese per l'attivazione e la gestione del sito internet sono poste a carico dei condomini.
Art. 71-quater - Per controversie in materia di condominio, ai sensi dell'articolo 5, comma 1, del decreto legislativo 4 marzo 2010, n. 28, si intendono quelle derivanti dalla violazione o dall'errata applicazione delle disposizioni del libro III, titolo VII, capo II, del codice e degli articoli da 61 a 72 delle presenti disposizioni per l'attuazione del codice.
La domanda di mediazione deve essere presentata, a pena di inammissibilità, presso un organismo di mediazione ubicato nella circoscrizione del tribunale nella quale il condominio è situato.
Al procedimento è legittimato a partecipare l'amministratore, previa delibera assembleare da assumere con la maggioranza di cui all'articolo 1136, secondo comma, del codice.
Se i termini di comparizione davanti al mediatore non consentono di assumere la delibera di cui al terzo comma, il mediatore dispone, su istanza del condominio, idonea proroga della prima comparizione.
La proposta di mediazione deve essere approvata dall'assemblea con la maggioranza di cui all'articolo 1136, secondo comma, del codice. Se non si raggiunge la predetta maggioranza, la proposta si deve intendere non accettata.
Il mediatore fissa il termine per la proposta di conciliazione di cui all'articolo 11 del decreto legislativo 4 marzo 2010, n. 28, tenendo conto della necessità per l'amministratore di munirsi della delibera assembleare».

Art. 26

1. Dopo l'articolo 155 delle disposizioni per l'attuazione del codice civile e disposizioni transitorie è inserito il seguente:
«Art. 155-bis. - L'assemblea, ai fini dell'adeguamento degli impianti non centralizzati di cui all'articolo 1122-bis, primo comma, del codice, già esistenti alla data di entrata in vigore del predetto articolo, adotta le necessarie prescrizioni con le maggioran-

ze di cui all'articolo 1136, commi primo, secondo e terzo, del codice».

Art. 27

1. All'articolo 2, comma 1, della legge 9 gennaio 1989, n. 13, le parole: «con le maggioranze previste dall'articolo 1136, secondo e terzo comma, del codice civile» sono sostituite dalle seguenti: «con le maggioranze previste dal secondo comma dell'articolo 1120 del codice civile».

Note all'art. 27:
Si riporta il testo dell'articolo 2, comma 1, della legge 9 gennaio 1989, n. 13 (Disposizioni per favorire il superamento e l'eliminazione delle barriere architettoniche negli edifici privati.), come modificato dalla legge qui pubblicata:
"Art. 2. 1. Le deliberazioni che hanno per oggetto le innovazioni da attuare negli edifici privati dirette ad eliminare le barriere architettoniche di cui all'articolo 27, primo comma, della legge 30 marzo 1971, n. 118, ed all'articolo 1, primo comma, del decreto del Presidente della Repubblica 27 aprile 1978, n. 384, nonché la realizzazione di percorsi attrezzati e la installazione di dispositivi di segnalazione atti a favorire la mobilità dei ciechi all'interno degli edifici privati, sono approvate dall'assemblea del condominio, in prima o in seconda convocazione, con le maggioranze previste dal secondo comma dell'articolo 1120 del codice civile.
(Omissis)".

Art. 28

1. All'articolo 26, comma 2, della legge 9 gennaio 1991, n. 10, le parole: «semplice delle quote millesimali rappresentate dagli intervenuti in assemblea» sono sostituite dalle seguenti: «degli intervenuti, con un numero di voti che rappresenti almeno un terzo del valore dell'edificio».
2. All'articolo 26, comma 5, della legge 9 gennaio 1991, n. 10, le parole: «l'assemblea di condominio decide a maggioranza, in deroga agli articoli 1120 e 1136 del codice civile» sono sostituite dalle seguenti: «l'assemblea di condominio delibera con le maggioranze previste dal secondo comma dell'articolo 1120 del codice civile».

Note all'art. 28:
Si riporta il testo dell'articolo 26, commi 2 e 5, della legge 9 gennaio 1991, n. 10 (Norme per l'attuazione del Piano energetico nazionale in materia di uso razionale dell'energia, di risparmio energetico e di sviluppo delle fonti rinnovabili di energia.), come modificato dalla legge qui pubblicata:
"Art. 26. Progettazione, messa in opera ed esercizio di edifici e di impianti.
(Omissis).
2. Per gli interventi sugli edifici e sugli impianti volti al contenimento del consumo energetico ed all'utilizzazione delle fonti di energia di cui all'articolo 1, individuati attraverso un attestato di certificazione energetica o una diagnosi energetica realizzata da un tecnico abilitato, le pertinenti decisioni condominiali sono valide se adottate con la maggioranza degli intervenuti, con un numero di voti che rappresenti almeno un terzo del valore dell'edificio.
(Omissis).
5. Per le innovazioni relative all'adozione di sistemi di termoregolazione e di contabilizzazione del calore e per il conseguente riparto degli oneri di riscaldamento in base al consumo effettivamente registrato, l'assemblea di condominio delibera con le maggioranze previste dal secondo comma

dell'articolo 1120 del codice civile.
(Omissis)".

Art. 29

1. All'articolo 2-bis, comma 13, del decreto-legge 23 gennaio 2001, n. 5, convertito, con modificazioni, dalla legge 20 marzo 2001, n. 66, le parole: «l'articolo 1136, terzo comma, dello stesso codice» sono sostituite dalle seguenti: «l'articolo 1120, secondo comma, dello stesso codice».

Note all'art. 29:
Si riporta il testo dell'articolo 2-bis, comma 13, del decreto legge 23 gennaio 2001, n. 5, convertito, con modificazioni, dalla legge 20 marzo 2001, n. 66 (Disposizioni urgenti per il differimento di termini in materia di trasmissioni radiotelevisive analogiche e digitali, nonché per il risanamento di impianti radiotelevisivi.), come modificato dalla legge qui pubblicata:
"Art. 2-bis. Trasmissioni radiotelevisive digitali su frequenze terrestri. Sistemi audiovisivi terrestri.
(Omissis).
13. Al fine di favorire lo sviluppo e la diffusione delle nuove tecnologie di radiodiffusione da satellite, le opere di installazione di nuovi impianti sono innovazioni necessarie ai sensi dell'articolo 1120, primo comma, del codice civile. Per l'approvazione delle relative deliberazioni si applica l'articolo 1120, secondo comma, dello stesso codice. Le disposizioni di cui ai precedenti periodi non costituiscono titolo per il riconoscimento di benefici fiscali.
(Omissis)".

Art. 30

1. I contributi per le spese di manutenzione ordinaria e straordinaria nonché per le innovazioni sono prededucibili ai sensi dell'articolo 111 del regio decreto 16 marzo 1942, n. 267, e successive modificazioni, se divenute esigibili ai sensi dell'articolo 63, primo comma, delle disposizioni per l'attuazione del codice civile e disposizioni transitorie, come sostituito dall'articolo 18 della presente legge, durante le procedure concorsuali.

Note all'art. 30:
Si riporta il testo dell'articolo 111, del regio decreto 16 marzo 1942, n. 267 (Disciplina del fallimento, del concordato preventivo, dell'amministrazione controllata e della liquidazione coatta amministrativa.):
"Art. 111. Ordine di distribuzione delle somme. Le somme ricavate dalla liquidazione dell'attivo sono erogate nel seguente ordine:
1) per il pagamento dei crediti prededucibili;
2) per il pagamento dei crediti ammessi con prelazione sulle cose vendute secondo l'ordine assegnato dalla legge;
3) per il pagamento dei creditori chirografari, in proporzione dell'ammontare del credito per cui ciascuno di essi fu ammesso, compresi i creditori indicati al n. 2, qualora non sia stata ancora realizzata la garanzia, ovvero per la parte per cui rimasero non soddisfatti da questa.
Sono considerati crediti prededucibili quelli così qualificati da una specifica disposizione di legge, e quelli sorti in occasione o in funzione delle procedure concorsuali di cui alla presente legge; tali crediti sono soddisfatti con preferenza ai sensi del primo comma n. 1)".

Art. 31

1. All'articolo 23, primo comma, del codice di procedura civile, dopo le parole: «per le

cause tra condomini» sono inserite le seguenti: «, ovvero tra condomini e condominio,».

Note all'art. 31:
Si riporta il testo dell'articolo 23, primo comma, del codice di procedura civile, come modificato dalla legge qui pubblicata:
"Art. 23. Foro per le cause tra soci e tra condomini.
Per le cause tra soci è competente il giudice del luogo dove ha sede la società; per le cause tra condomini, ovvero tra condomini e condominio, il giudice del luogo dove si trovano i beni comuni o la maggior parte di essi.
(Omissis)".

Art. 32

1. Le disposizioni di cui alla presente legge entrano in vigore dopo sei mesi dalla data di pubblicazione della medesima nella Gazzetta Ufficiale.
La presente legge, munita del sigillo dello Stato, sarà inserita nella Raccolta ufficiale degli atti normativi della Repubblica italiana. È fatto obbligo a chiunque spetti di osservarla e di farla osservare come legge dello Stato.

Data a Roma, addì 11 dicembre 2012

Indice analitico

Made in the USA
Las Vegas, NV
03 April 2026

44651225R00080